ENCYCLOPÉDIE

portative,

OU

RÉSUMÉ UNIVERSEL

des sciences, des lettres et des arts,

EN UNE COLLECTION

DE

TRAITÉS SÉPARÉS;

PAR UNE SOCIÉTÉ DE SAVANS

ET DE GENS DE LETTRES,

Sous les auspices de MM. DE BARANTE, DE BLAINVILLE, BORY DE SAINT-VINCENT, CHAMPOLLION, CORDIER, CUVIER, DEPPING, C. DUPIN, EVRIÈS, DE FÉRUSSAC, DE GÉRANDO, JOMARD, DE JUSSIEU, LACROIX, LETRONNE, QUATREMÈRE DE QUINCY, THÉNARD et autres savans illustres;

ET SOUS LA DIRECTION

DE M. C. BAILLY DE MERLIEUX,

Avocat à la Cour royale de Paris, membre de plusieurs sociétés savantes, auteur de divers ouvrages sur les sciences, etc., etc.

IMPRIMERIE

DE

Decourchant,

RUE D'ERFURTH, N°. 1, PRÈS L'ABBAYE.

DROIT NATUREL
et des Gens.

PRÉCIS

DE LA SCIENCE

DU DROIT NATUREL,

ET

DU DROIT DES GENS,

Contenant, après la définition et les principes des Lois naturelles, et la réfutation des systèmes, le Tableau des Lois primitives de la nature humaine, appliquées à l'Homme en société, puis aux Nations; précédé d'une INTRODUCTION HISTORIQUE, et suivi d'une BIOGRAPHIE, d'une BIBLIOGRAPHIE et d'un VOCABULAIRE.

PAR M. MALEPEYRE,

Avocat à la Cour royale de Paris, auteur de plusieurs ouvrages.

Il n'y a de véritables Lois que celles qui découlent des Lois invariables et éternelles de la Nature.
PLATON, *De Rep.*

Paris,

AU BUREAU DE L'ENCYCLOPÉDIE PORTATIVE,
Rue du Jardinet-Saint-André-des-Arts, n° 8;
Et chez BACHELIER, libraire, quai des Augustins, n° 55.

1829

TABLE

DES MATIÈRES.

TROISIÈME PARTIE.

FIN DE LA TABLE.

RÉSUMÉ

DU

DROIT NATUREL

ET

DU DROIT DES GENS.

INTRODUCTION HISTORIQUE.

LES lois primitives de l'homme moral, dé-rivant essentiellement de l'organisation des parties qui constituent le siége de son intelligence, et le juste et l'injuste étant des idées abstraites, qui n'ont de signification qu'autant qu'on peut les appliquer aux actions humaines, le droit naturel, pris pour l'assemblage des lois qui gouvernent cet être doué de raison, sont contemporaines de son existence. Toutefois si les lois de la nature ont existé aussitôt que les êtres ou les corps qu'elles doivent diriger ont été créés, ce ne fut qu'après une longue révolution de siècles, après que l'ignorance et la barbarie eurent été remplacées par l'expérience, l'étude et la civilisation, que les hommes découvrirent et signalèrent les lois du Créateur.

Mais les peuples, au berceau de la civilisation, procèdent dans les sciences comme l'enfance dans les connaissances rapides qu'elle acquiert; ils commencent par des abstractions et des généralités; et ce n'est que lorsque l'expérience est venue les éclairer de son flambeau salutaire, lorsque la masse des découvertes leur permet de bien saisir l'ensemble des connaissances qu'ils ont acquises, qu'ils distinguent complètement les divers rameaux dont se compose l'arbre de la science. Ainsi, les anciens comprenaient sous le nom de physique, l'astronomie, les notions peu nombreuses qu'ils avaient sur la chimie, et la physique proprement dite. De même, ils confondaient sous le nom de morale, la métaphysique, les lois naturelles de l'homme intellectuel, et l'éthique.

On ne doit donc pas s'attendre, dans l'histoire rapide que nous allons essayer de faire du Droit naturel, à voir, dans les temps anciens, des traités spéciaux sur cette matière

nous la trouverons confondue avec les autres branches de la morale; et si les notions
du juste et de l'injuste, ainsi que les voies
pour parvenir à la félicité, but essentiel des
actions humaines, n'ont pas été ignorées
des anciens; si la philosophie, cette mère
nourricière de l'intelligence, a découvert la
plupart des lois primitives de la nature, ce
n'est guère que dans nos temps modernes
que la science des lois naturelles a été dé-
gagée des liens dont on l'avait environnée,
et a pris parmi les sciences morales le rang
distingué qui lui appartient.

Les premières notions du juste et de l'injuste, nous les trouvons dans le livres de
Moïse; et, quoiqu'on ait beaucoup exagéré
la sublimité de la morale de ce premier législateur des Hébreux, on doit cependant reconnaître que les principes qu'il pose sont en
général plus purs que ceux qui ont été pro-
fessés par des peuples qui ont vécu bien pos-
térieurement à l'époque reculée qu'il a illus-
trée.

Toutes nos connaissances nous viennent
de l'Orient. C'est la source de la civilisation
du monde. Les Egyptiens et les Chaldéens

sont les premiers qui paraissent avoir réfléchi sur les lois de la nature; et quoique les monumens qui nous restent de l'état des sciences de la Chine, de l'Inde et de l'Égypte, soient en bien petit nombre, ils suffisent pour nous convaincre que ces nations possédaient des connaissances qui supposaient une longue série d'années d'expérience et de réflexion.

Les principes de la morale de *Koung-Tsée,* qu'on a appelé *Confucius* en Europe, en latinisant son nom, de ce législateur philosophe de la Chine, qui mourut neuf années avant la naissance de Socrate, excitent encore aujourd'hui l'admiration des hommes amis de la vertu; ils ont mérité la vénération universelle dont ils ont été l'objet pendant tant de siècles, parce qu'ils sont des déductions vraies des lois de la nature humaine.

Les Grecs avaient des relations fréquentes avec l'Égypte; c'est de cette contrée, qu'ils appelaient barbare, qu'ils ont tiré les principes de leurs sciences et de leur philosophie; mais en s'emparant de ces principes féconds, les Grecs, doués d'un esprit subtil et d'un génie inventeur, créèrent sur presque toutes les matières de la philosophie des théories

ingénieuses et profondes ; et s'ils n'atteigni-
rent pas la perfection dans les sciences morales, ils approchèrent bien près du but.

Lorsqu'on examine en effet avec l'attention qu'ils méritent les écrits des philosophes
grecs, et particulièrement de ceux qui suivirent les principes de la première académie
qui eut pour véritable fondateur ce phéno-
mène humain, ce génie merveilleux, qui
fait l'orgueil de l'antiquité, *Socrate,* ainsi que
les principes que les Stoïciens avaient empruntés à son école, on est forcé de reconnaître que les sources élémentaires de la
nature morale de l'homme avaient été découvertes par eux ; qu'il ne leur a manqué,
pour compléter la science, que de former
de ces idées générales un système complet,
et de faire disparaître quelques erreurs capi-
tales sur les droits et les devoirs de l'homme,
qui ont été adoptées par l'antiquité.

Pythagore, chef et fondateur de l'école
italique, et dont l'existence paraît presque
fabuleuse lorsque l'on considère l'incerti-
tude des documens historiques qui nous ont
été transmis par l'antiquité sur les circonstances de sa vie, Pythagore est le premier

philosophe grec qui entreprit de traiter de la vertu. Rien n'était plus beau que sa morale : il enseignait l'obéissance aux lois, la tolérance, dont les hommes ont tous si grand besoin. Il ne donnait le nom de sage qu'à celui qui était prêt à tout sacrifier à la vérité, *vitam impendere vero*. Par là, disait-il, on se rapproche de la Divinité, on s'y unit, on participe à sa nature. Il eut la gloire de former à son école les deux plus grands législateurs de son époque : *Zaleucus* et *Charondas*.

Mais le véritable père de la philosophie morale fut *Socrate*, ce vrai sage, qui enseigna la vertu mieux par ses exemples que par ses admirables leçons. Ses sublimes préceptes étaient confiés à la mémoire de ses auditeurs. Il n'a rien écrit, mais les ouvrages de ses disciples, et particulièrement ceux de *Xénophon*, qui, plus fidèle que *Platon*, n'a pas mêlé les rêves d'une imagination ardente aux théories sages et élevées de son maître, font assez connaître qu'il s'appliquait surtout à développer les grandes lois de la nature, et à rechercher le but du Créateur. Il enseignait que le savoir et l'ignorance sont les principes du bien et du mal ; qu'il existe des lois éternelles et immuables, qui, quoique non écrites, sont les bases de toutes les lois, et qu'elles ne peuvent être impunément violées. (XÉNOPHON, *Apomnemata.*)

Après la mort de Socrate, ses disciples s'emparèrent de ses trésors intellectuels. Les uns, tels que *Xénophon*, *Diogène* et *Platon*, les conservèrent à peu près dans leur pureté originelle; mais d'autres, comme *Antisthène*, chef des Cyniques, et *Aristippe*, père des Cyrénaïques, les dénaturèrent, et s'éloignèrent considérablement des principes de leur maître.

Antisthène outra la vertu, et, en la poussant jusqu'à un rigorisme ridicule, il la défigura. Il exigeait, pour être sage, qu'on dépouillât tout sentiment humain, qu'on fût indifférent à la louange et au blâme, et qu'on méprisât les convenances sociales. C'est à lui que Socrate disait si spirituellement : « Je vois ton orgueil à travers les trous de ton manteau. »

Aristippe, qui avait aussi profité des leçons de Socrate durant son séjour à Athènes, s'appliqua spécialement à la morale, et à rechercher les rapports vrais qui existent entre les objets extérieurs et nos sensations.

conseillait à ses disciples de négliger la physique, pour se borner à l'étude de la morale, qui, selon lui, consistait : 1° à démêler l'utile du nuisible, en remarquant que les biens étant relatifs, ne sont biens qu'autant qu'ils conviennent à l'homme ; 2° à se dégager de la superstition et de la crainte de la mort, et à rendre ainsi l'âme indépendante des objets extérieurs ; 3° à bien distinguer le point qui sépare le vice de la vertu. Par là, l'homme acquiert deux trésors inestimables, la sagesse et la santé, qui procurent le bien-être de l'âme et celui du corps, ou la volupté d'Aristippe.

La morale de ce philosophe différait de celle d'*Épicure*, qui vécut quelque temps après, en ce qu'Aristippe regardait comme une obligation pour le citoyen de se mêler dès sa jeunesse des affaires publiques et de s'assujétir aux devoirs de la société, tandis qu'Epicure conseillait de fuir le monde, de chercher dans la solitude une vie indépendante des caprices de la fortune. Aussi, le stoïcien *Panetius* raillait-il la volupté d'A-ristippe en disant que c'était la volupté debout, tandis que celle d'Epicure était la volupté assise.

Aristote, disciple de Platon, est le premier philosophe qui ait laissé un traité un peu méthodique sur la morale. On a dit avec raison qu'Aristote trempait sa plume dans le bon sens, au lieu de l'humecter dans l'encre; mais ses traités sont généralement écrits d'une manière sèche. Ses principes sont métaphysiques, et peu propres à faire impression sur le cœur; d'ailleurs, il traite dans ses ouvrages plutôt des devoirs du citoyen, que de ceux de l'homme en général.

Un philosophe moderne, M. Royer-Collard, a remarqué, avec cette profondeur d'esprit qui le caractérise, que, lorsque des idées saines ou raisonnables ont été jetées au milieu d'un peuple, elles y prennent de si fortes racines, qu'elles doivent triompher tôt ou tard. Les exemples de l'histoire viennent ici confirmer le précepte. Les utiles vérités semées par les hommes illustres dont nous venons de rappeler les noms produisirent bientôt des fruits précieux. Des législateurs célèbres, des magistrats distingués, les mirent en pratique; et c'est à l'école de la philosophie que *Minos*, *Lycurgue* et *Solon* avaient étudié les lois de la nature, qui ont servi de modèle, et ont acquis une si grande réputation à leurs lois. L'équité naturelle était leur guide; la félicité publique, leur but. On connaît la belle réponse que fit Solon au sage *Anacharsis*, qui le raillait sur sa dangereuse entreprise de donner des lois aux Athéniens : « Vos lois, disait le philosophe de la Scythie, seront comme les toiles d'araignée; elles arrêteront les petits, et seront rompues par les grands. — J'établirai, répondit Solon, des lois qui concilieront tellement les suffrages et les intérêts de mes concitoyens, qu'ils auront plus d'avantages à les observer qu'à les violer. » Belles paroles, qui mériteraient d'être écrites en lettres d'or sur tous les temples où on élabore les lois.

Zénon de Citium, contemporain d'Épicure, eut plusieurs maîtres de sectes différentes. Il s'éloigna peu à peu des jardins de l'Académie, et vint à Athènes, à l'ombre du Pécile, développer et dénaturer quelquefois la doctrine de Socrate. Zénon inventa peu. Il s'empara des vérités découvertes par l'Académie, et la morale de Socrate est encore vivante dans les leçons du Portique. Il professa des dogmes contraires aux sentimens qui paraissent innés dans le cœur de l'homme; cependant, sa réputation a presque effacé celle de ses maîtres, et la postérité lui a rendu hommage pour les découvertes qu'il leur avait empruntées. C'est que les hommes se laissent facilement éblouir par l'audace. Ses doctrines étonnèrent: elles avaient quelque chose de surhumain qui flattait l'orgueil; elles élevaient l'humanité au-dessus de sa sphère naturelle : il affirma avec confiance, et les hommes le crurent, sans examiner à fond ses doctrines. Le philosophe de Citium ne reconnaissait d'autre bien que la vertu, d'autre mal que le vice. Il soutenait que les malheurs et les douleurs corporelles ne sont pas des maux, que l'énergie de l'âme peut les braver.

Carnéade, qui fonda la dernière Académie, adopta des doctrines plus conformes à la nature de l'homme, et se rapprocha des anciens disciples de Platon, *Speusippe*, *Aristote* et *Xénocrate*, ou des disciples de ceux-ci, *Polémon* et *Théophraste*. Pour parvenir au bonheur, but véritable de l'humanité, il voulut que l'on vécût selon les lois de la nature, mais en pratiquant la vertu, c'est-à-dire que l'on jouit de toutes les choses qui sont selon la nature, parce que les biens du corps comme la santé, et les plaisirs dirigés par la vertu, contribuent, comme les jouissances de l'âme, au bonheur ou souverain bien.

Après ces hommes illustres, la philosophie ne fit plus aucun progrès en Grece; déjà même elle penchait vers son déclin, lorsque *Cicéron*, cet esprit vaste et compréhensif, s'empara des principes des anciens philosophes grecs, et, en les exposant avec plus de méthode, et avec ce charme séducteur qu'il a su donner à tous ses écrits, les mit dans un nouveau jour, et proclama l'autorité d'une législation, une, éternelle, impérissable, dictée par la nature et promulguée par la raison. Ce grand homme, ce vertueux citoyen, dont les principes étaient si purs, a manifesté sa pensée sous mille formes diverses dans ses nombreux ouvrages. Il établit que tous les devoirs de l'homme dérivent de la nature, mais que, pour connaître les obligations qu'elle prescrit, il ne faut jamais s'éloigner de la vertu; qu'il faut regarder l'honnête comme le bien parfait qu'on doit désirer pour lui-même, et qu'il n'y a pas de bonheur sans la vertu. Le premier parmi les jurisconsultes romains, il examina la grande question de l'origine du droit, et fit voir que les lois positives sont des ordres arbitraires et despotiques, lorsqu'elles ne sont pas fondées sur la nature, qui est l'origine de la justice et la source de l'équité.

Cicéron avait adopté les sages doctrines de l'Académie, mais *Sénèque*, qui s'appliqua surtout à l'étude de la morale, était stoïcien. A l'exemple de Zénon, Cléanthe et Chrysippe, il pensait que la vertu devait être le seul mobile des actions et des déterminations des hommes. Sénèque reconnaissait aussi un droit naturel, indépendant de toute convention, commun à tous les peuples, immuable et éternel, dont les préceptes formaient le code de l'humanité. «Savez-vous bien, disait-il, pourquoi nous ne pouvons pas réprimer nos passions, et pourquoi elles étouffent quelquefois la voix de notre conscience? c'est parce que nous croyons ne pas le pouvoir. D'ailleurs, comme nous aimons nos vices avec tendresse, nous nous en rendons les protecteurs, et, au lieu de les bannir, nous tâchons de les excuser. » —« C'est une mince vertu, ajoutait-il, de n'être honnête homme qu'autant que les lois l'ordonnent ; la règle de nos devoirs s'étend plus loin que celle du droit civil. Que de choses la justice, l'humanité et la piété exigent qui ne sont pas exprimées dans les lois positives ! »

Après Sénèque, le philosophe qui s'occupa le plus de morale fut le stoïcien *Épictète*. Nous ne possédons aucun de ses écrits ; mais *Arien*, son seul disciple, a recueilli ses maximes, et les a rassemblées dans un ouvrage connu sous le nom de *Manuel d'Épictète*. Il n'existe peut-être pas de vérités primitives, dérivant du droit naturel, qu'on ne trouve enseignées dans les pensées d'Épictète. Sa doctrine tendait à conserver à l'âme toute sa pureté, et à la dégager des liens honteux des passions. Sa pensée est plus simple et a moins d'afféterie que celle de Sénèque ; mais elle n'arrive pas à l'élévation et à la noblesse de celle de *Marc-Aurèle*, de cet empereur dont l'esprit était plus vaste que l'empire qu'il gouvernait ; de ce sage couronné qui a fait à juste titre l'admiration de ses contemporains; car un empereur philosophe est un prodige que l'humanité cite avec fierté. Il pensait que l'ignorance est la cause de tous les maux qui affligent l'humanité, et que le méchant n'est tel que parce qu'il ne sait pas discerner le mal du vrai bien. « Si dans la vie, ajoutait le vertueux Antonin, vous trouvez quelque chose de meilleur que la justice, la vérité, la tempérance et la force d'esprit, en un mot, qu'une âme contente d'elle-même dans tout ce qu'elle fait suivant les règles de la raison, et qui est satisfaite de sa destinée dans tout ce qui lui arrive contre son gré; si vous trouvez quelque chose de meilleur, attachez-vous à ce bien de tout votre cœur; jouissez de ce trésor inestimable; mais si vous ne trouvez rien de mieux que cette partie de la Divinité qui a son temple au dedans de vous-même, préférez ce bien à tout autre, et sachez vous y attacher avec persévérance..... »

Les sages de l'antiquité avaient ouvert la barrière, mais aucun d'eux n'avait parcouru d'une manière complète le stade qui était devant eux. Cette gloire était réservée à nos temps modernes, éclairés des lumières de l'expérience.

Bacon, que l'on peut appeler à juste titre le père de la philosophie moderne, osa le premier secouer le joug de la philosophie scolastique, et, en classant les sciences dans de nouvelles divisions et subdivisions, établir leurs limites, régler leurs juridictions et former l'arbre de la science, qui plus tard prendra un si merveilleux développement.

Bientôt après, *Descartes* eut le courage, à l'âge de vingt ans, de s'efforcer d'oublier tout ce qu'il avait appris, persuadé que la masse de science qu'il avait acquise lui serait moins utile que les préjugés qui l'accompagnaient ne lui seraient nuisibles. Il ne reconnut d'autre autorité que celle de la raison; à elle seule il voua une obéissance absolue. Ces grands hommes, ces esprits vastes et méthodiques, répandirent sur toutes les sciences une auréole lumineuse, qui servit de guide et éclaira par la suite tous ceux qui s'occupèrent des diverses branches des sciences.

Parmi les modernes, *Mélanchthon*, qui fut l'ami de Luther, qu'il servit souvent de ses

talens dans ses nombreux combats théolo-
giques, est le premier qui ait donné une
ébauche du droit naturel, qu'il a confondu,
comme les anciens, avec la morale. *Benedict
Wincler* s'en est aussi occupé, mais on lui a
reproché avec raison de confondre souvent
le droit naturel avec ce qui est du ressort
des lois positives.

Hugues Grotius, savant hollandais, profitant des lumières que Bacon avait allumées,
est le premier qui ait fait un traité spécial
sur le droit naturel et le droit des gens. Cet
ouvrage, intitulé *De jure pacis et belli*, vit le
jour en France, où il avait cherché un asile
contre les persécutions qu'il éprouvait dans
sa patrie, en 1625. Grotius était très-savant :
l'étalage d'érudition qu'on aperçoit partout, et qui pouvait avoir de l'utilité à l'époque où il écrivit ce traité, en rend la lecture
fatigante : il s'occupe peu de principes, et
s'applique surtout à rechercher des exemples. Quoique de nombreuses erreurs défigurent quelquefois cet ouvrage, il faut reconnaître que le savant hollandais a posé
les bases de la science et a bien mérité de la
postérité. Grotius ne traite qu'accessoirement

du droit naturel; le but principal de son œuvre est de rechercher les vrais principes qui doivent diriger les nations dans la paix et dans la guerre, ou les principes du droit des gens, qui n'est que l'application des lois naturelles aux rapports internationaux. Cette méthode est vicieuse, puisqu'ayant d'appliquer les règles du droit naturel, il devait en établir les principes d'une manière précise. On a prétendu, et je serais assez enclin à adopter cette opinion, que Grotius a sacrifié son amour propre d'auteur à l'intérêt de la science, et qu'il n'a imaginé ce plan vicieux qu'afin de pouvoir donner à son traité un titre qui engageât les hommes d'état, généralement peu jaloux de s'occuper de matières philosophiques, à lire son ouvrage. Suivant cet auteur, le droit naturel ne consiste que dans certaines maximes de la droite raison qui déterminent la moralité ou l'immoralité de nos actions. Nous aurons occasion par la suite d'examiner ce système.

Quelque temps après le traité de Grotius, Jean *Selden*, célèbre jurisconsulte anglais, fit un ouvrage ayant pour titre *De jure na-*

turæ et gentium, où il fonde la théorie des devoirs, non pas sur la raison ni sur l'essence de l'homme, mais sur les sept préceptes qui, suivant la tradition hébraïque, ont été donnés à Noé. Cette doctrine erronée a depuis été adoptée par M. de Bonald.

Il était dans les destinées de la France de voir publier sur son sol hospitalier les traités les plus curieux sur le droit naturel, quoique composés par des étrangers. Thomas *Hobbes*, à l'exemple de Grotius, fuyant les persécutions qui le menaçaient en Angleterre, publia en 1642 son traité politique *De cive*. Hobbes avait un esprit pénétrant et profond; mais, trop préoccupé des malheurs que les luttes des factions avaient attirés sur sa patrie, il se familiarisa avec cette pensée fausse, que les hommes sont essentiellement méchans : il s'efforce de prouver qu'il ne faut pas attribuer l'origine des sociétés à la bienveillance et à une disposition innée chez l'homme, mais à la crainte et au désir de la conservation propre. Jusque là ses doctrines pouvaient être combattues, et elles étaient peu dangereuses; mais il ajouta que la loi, c'était la force; que la justice n'était que la puissance, et que le devoir du faible était l'obéissance absolue.

Ces mensonges dangereux ont excité l'indignation des citoyens vertueux de toutes les contrées, et les hommes les plus amoureux du despotisme n'osent plus aujourd'hui les professer ouvertement. Toutefois *Lambert Vertuysen*, publiciste et citoyen des États-Unis d'Amérique, a fait une dissertation dans laquelle il a tâché de justifier les doctrines de Hobbes.

Les systèmes du sophiste anglais ont trouvé pour adversaires tous les honnêtes gens, et ils ont été victorieusement réfutés par un grand nombre de publicistes : Robert *Sharrock*, *Gisbert Cocceius*, Richard *Cumberland*, John *Temple*, Edward *Hide*, comte de Clarendon, ont combattu avec succès ces dangereuses doctrines.

Le traité du *droit de la nature et des gens* que Samuël *Puffendorf* publia en 1676, a joui de la plus grande réputation. Il éleva l'auteur à des postes éminens, et lui mérita en Allemagne les plus grands honneurs. Cependant notre célèbre chancelier d'Aguesseau ne faisait pas un très-grand cas de cet œuvre, et préférait au grand ouvrage de cet auteur le résumé qu'il en a fait sous le titre: *Des devoirs de l'homme et du citoyen. Barbeyrac*, traducteur des ouvrages de Puffendorf, pensait aussi que l'abrégé était plus exact que le traité. Puffendorf s'occupe presque exlcusivement de principes. Il fait dériver les lois de la sociabilité; mais si la sociabilité, ou l'instinct moral qui pousse l'homme à vivre en société, est l'unique source des lois de la nature, l'homme hors de l'état social n'aurait plus de devoirs à remplir : ce qu'il est ridicule de supposer. On a reproché aussi à Puffendorf d'avoir négligé de sanctionner ses principes du droit naturel par l'espoir encourageant d'une autre vie, reproche dont le savant Barbeyrac, qui a enrichi ses œuvres de notes utiles et intéressantes, cherche à le justifier, en disant qu'il n'a traité que des devoirs du citoyen et non pas des devoirs de l'homme ; mais le titre même de son résumé des devoirs de l'homme et du citoyen anéantit la justification. Toutefois Puffendorf a fait faire des progrès à la science en présentant dans un traité les principes du droit naturel d'une manière plus méthodique et plus complète que ne l'avait fait Grotius.

Un des plus redoutables adversaires des paradoxes de Thomas Hobbes, est Richard *Cumberland*, qui publia, en 1672, à Londres, son *Traité des lois naturelles*. Il réfute les principes du publiciste anglais, et établit que la bienveillance mutuelle que les hommes se doivent, est la base des lois naturelles. Il prouve que le bien de chacun est fondé sur la prospérité générale, puisque chaque individu fait partie du grand tout; que la bienveillance que chaque agent témoigne envers tous, constitue l'état le plus heureux de tous en général, et de chacun en particulier; que le bien commun est la loi souveraine de l'humanité, comme le salut du peuple est celle de la société civile. Les raisonnemens de ce philosophe sont généralement abstraits, et son ouvrage offrirait bien plus d'utilité s'il était moins métaphysique.

Parmi les ouvrages les plus curieux qui ont paru sur le droit naturel, dans le dix-huitième siècle, il faut mettre au premier rang, pour son importance, les *Principes du droit de la nature et des gens*, du baron Chrétien *de Wolf*, publiés en 1749. Cet auteur procède avec une méthode rigoureuse, marche de déduction en déduction, définit tout avec exactitude, et s'efforce de tout rattacher au droit naturel. Mais, en voulant faire entrer, à l'exemple de Leibnitz, les formes mathématiques dans le droit, il y a introduit la sécheresse; et quoique ses raisonnemens soient généralement précis, son ouvrage, par les minutieux détails où il est entré, est d'une longueur rebutante. S'il fallait, a dit un homme d'esprit en plaisantant, lire les huit volumes *in-quarto* de Wolf pour être honnête homme, il faudrait y renoncer.

Vattel avait été disciple de Wolf, mais il a redressé un grand nombre d'erreurs échappées à son maître. L'ouvrage qu'il publia à Londres, en 1758, ayant pour titre, *le Droit des gens*, lui a mérité l'estime de tous ceux qui s'occupent de ces matières.

Mais le meilleur ouvrage qui ait paru sur le droit naturel est, sans contredit, celui que Jean-Jacques *Burlamaqui*, originaire de Lucques, en Italie, et né à Genève, publia dans cette ville, en 1747, sous le titre de *Principes du droit naturel*. Son plan est bien tracé, son ouvrage bien écrit, et ses principes exposés avec netteté et méthode. Il établit qu'il y a des lois naturelles, qu'elles sont dictées par le Créateur, que c'est une suite de sa sagesse, de sa puissance et de sa bonté de donner des règles de conduite à l'être qu'il a créé; que l'homme ne peut parvenir à connaître les lois naturelles qu'en examinant son état, sa constitution et son essence; enfin, que les lois naturelles se rapportent à trois objets principaux, à Dieu, à soi, et à autrui.

Notre célèbre *Montesquieu* n'a pas traité spécialement des lois naturelles, et l'on voit facilement qu'il n'avait que des idées fort incomplètes sur ce sujet. Mais son génie avait aperçu les véritables fondemens des lois de l'homme moral, et s'il eût appliqué sa haute capacité à cette matière, il l'aurait traitée sans doute avec la profondeur qui lui était habituelle. Toutefois, quelques vues saines sur le droit primitif doivent faire classer ses écrits parmi ceux qui ont contribué à l'avancement de la science.

Rousseau, ce Français adopté, malgré ses nombreuses erreurs, quoique ses principes fondamentaux soient presque tous faux, a servi également la science dans le développement de ses théories. Lorsqu'il écrit sous l'inspiration de sa sensibilité, lorsqu'il soutient le droit inaliénable de la liberté avec cette énergie brûlante qui s'emparait de son âme quand il s'agissait de protéger l'humanité contre la tyrannie, Rousseau est inimitable. Il séduit, il entraîne son lecteur, et fait couler la conviction dans son âme, en s'emparant de son cœur. Il a proclamé des vérités utiles, il les a inculquées.

Sans avoir précisément écrit sur le droit naturel, *Voltaire*, dans ses nombreux ouvrages, et particulièrement dans son curieux *Commentaire du Traité des délits et des peines* du sensible et éloquent *Beccaria*, a jeté dans la société une foule d'idées utiles et saines sur les droits imprescriptibles de l'humanité. Il les a répandues et enracinées, en employant tour à tour la raillerie qu'il maniait souvent avec tant de grâce, la force du raisonnement, les exemples de l'histoire, ou la pompe du vers. Il a efficacement contribué à faire proclamer et mettre en pratique ces vérités salutaires.

Sous ce rapport, la révolution française a rendu les plus grands services à l'humanité. Elle a été le signal de l'émancipation de l'esprit humain, et ne mérite pas d'être calomniée par quelques Zoïles qui ne veulent voir que ses excès que rien sans doute ne peut justifier, et méconnaissent ses immenses bienfaits. Ils ont surpris la philosophie dans un accès de fièvre, et voudraient faire croire que le délire est son état normal.

Quelques philosophes modernes, en calquant leurs opinions sur celles des anciens, ont voulu former de nouvelles écoles. La partie septentrionale de l'Europe s'est laissé séduire par les théories métaphysiques et mystiques d'Emmanuel *Kant*, dont l'école a succédé, en Allemagne, à celle de *Leibnitz*. Cet esprit profond a voulu limiter la pensée; il a entrepris d'assigner des bornes à l'intelligence. Il a signalé les facultés qu'il appelle virtuelles ou dispositions innées, qu'il faut bien se garder de confondre avec les idées innées de Platon. La disposition n'est que l'ensemble des organes qui constituent une faculté. L'harmonie de ces organes nous permet, en recevant les impressions du dehors, d'en composer des idées analogues à la faculté que ces impressions mettent en action; elles n'ont donc que peu d'analogie avec les idées innées. L'existence de ces dispositions paraît évidente, tandis que les idées innées sont aujourd'hui totalement abandonnées. Le philosophe de Kœnigsberg a voulu assigner à chacune de nos facultés ses droits, sa juridiction, son empire. Il a tâché, en suivant les doctrines de Leibnitz, qui renferment presque toute sa philosophie, de déterminer avec précision la part qui, dans toutes nos sensations et perceptions, appartient à notre manière de sentir, laquelle résulte nécessairement de la constitution de notre être; et de quelques faits primitifs bien observés, il a entrepris de deviner le mécanisme intellectuel qui constitue l'essence de notre faculté de connaître, qu'il nomme organe cognitif. Il compare le domaine de l'intelligence à une île riante et féconde, mais environnée d'un océan brumeux et d'écueils insurmontables. Sans doute l'intelligence de l'homme est bornée, quoique son domaine

soit immense; mais c'est une entreprise té-
méraire, suivant nous, de prétendre tracer
la carte de son empire, et d'oser lui dire : Tu
ne sortiras pas de ces limites. Il gourmande
aussi la raison pour ses prétentions exagé-
rées. Il veut qu'elle se borne à explorer le
territoire que la nature lui a assigné; mais si,
au lieu d'aider les autres facultés dans leurs
travaux et leurs recherches, elle prétend s'é-
lancer seule dans un monde imaginaire, il
lui prédit qu'elle ne trouvera que confusion,
obscurité et danger.

Des vérités nouvelles, dignes du siècle où
elles ont été découvertes, ont été signalées
par cet esprit profond, et ont jeté une nouvelle lumière sur l'homme intellectuel et sur
les lois qui le gouvernent. Mais l'obscurité
de la métaphysique de Kant, le spiritualisme
pur qui règne dans ses écrits, en font négliger la lecture par un siècle tout positif,
qui ne cherche que l'application des vérités
philosophiques à la vie réelle.

Aussi s'éloigne-t-on peu à peu de la métaphysique du philosophe allemand et semble-
t-on pencher vers un système également
renouvelé des anciens, et adopté par un pu-

bliciste anglais Jérémie *Bentham;* mais le principe de l'utilité générale du jurisconsulte d'Albion n'aura probablement qu'une vogue passagère, parce qu'il n'offre pas une base ferme et vraie sur laquelle on puisse appuyer l'édifice des lois. Nous aurons occasion de revenir sur ce publiciste et de nous occuper de sa doctrine, en examinant, dans la première partie de cet ouvrage, les principaux systèmes philosophiques qui ont été présentés sur le droit naturel. Cet examen complètera la partie historique de ce Résumé.

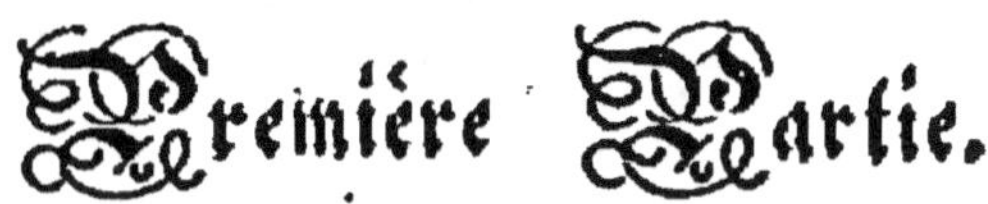

Première Partie.

DES LOIS NATURELLES
EN GÉNÉRAL.

<center>~~~~~~</center>

CHAPITRE PREMIER.

Principes généraux.

Nous nous proposons de renfermer dans un cadre étroit tous les principes d'une vaste science. Nous voulons combattre presque tous les systèmes qui ont été établis sur le Droit naturel, et présenter, sinon une théorie entièrement nouvelle, au moins un système qui nous semble plus complet que tous ceux qui ont été mis au jour jusqu'à cette époque par la philosophie ; il est donc nécessaire de procéder avec une exactitude rigoureuse, de serrer les pensées et de renfermer beaucoup d'idées sous le plus mince volume de paroles.

L'esprit d'analyse et la méthode nous conduisent naturellement à donner la définition exacte de la loi naturelle. En effet, dans tout corps de doctrine il est nécessaire de commencer par la définition, afin que l'on saisisse bien l'objet mis en discussion.

SECTION PREMIÈRE.

Définition de la loi naturelle.

Les *Lois*, dans leur acception la plus étendue, sont, suivant la définition que Montesquieu a empruntée à Cicéron, les rapports nécessaires qui dérivent de la nature des choses (1). En ce sens le monde matériel a ses lois, le monde moral ou intellectuel a également ses lois.

On appelle *Lois physiques* les rapports nécessaires des corps entre eux; *Lois morales*, les rapports vrais ou naturels qui existent entre les êtres moraux, c'est-à-dire entre les personnes; l'ensemble de ces rapports constitue l'ordre social. Ainsi c'est une loi de la nature physique que tous les corps qui ne sont pas dominés par une force étrangère

_____
(1) *Ratio profecta à natura rerum.*

se précipitent vers le centre de la terre : cette loi a reçu le nom de gravitation ou pesanteur. C'est une loi du monde moral que l'homme fasse usage de son intelligence, qu'il compare ses actions avec leurs conséquences, qu'il recherche tout ce qui peut lui être utile, et qu'il évite tout ce qui menace son existence.

Ce qui constitue les caractères distinctifs des lois naturelles, c'est d'être immuables, universelles, raisonnables, bienfaisantes.

1° *La loi naturelle est universelle.* — La loi naturelle étant, comme nous l'avons vu, le résultat des rapports nécessaires qui existent entre les choses, elle est conséquemment inhérente à leur existence. On ne peut donc concevoir aucune chose dans la nature qui puisse se soustraire à cette loi, puisque c'est la condition essentielle de son être. Elle est donc commune à tous les temps, à tous les pays, en un mot elle est universelle.

2° *Elle est immuable.* — Puisque la loi naturelle est inhérente à l'existence des choses, elle ne peut cesser d'agir tant que le corps ne change pas de nature; elle est donc immuable relativement à ce corps. Ainsi la plupart des êtres organisés doivent, en vertu d'une loi de leur constitution physique, respirer incessamment; cette loi, il est vrai, est plus ou moins impérieuse pour les diverses espèces d'animaux, elle peut même être suspendue pendant quelques momens sans qu'il en résulte la destruction de l'être: ainsi le plongeur peut, par l'habitude et la violence, s'y soustraire pendant quelques instans; mais si la contrainte se prolonge, l'être est détruit, et la loi cesse par rapport à lui. Cependant elle a conservé son caractère d'immuabilité relativement aux êtres semblables. Il en est de même de la pesanteur; si je soulève un corps matériel, je suspends les lois de la gravitation; si je le lance dans l'espace, je lui imprime une impulsion entièrement opposée à la force qui le domine naturellement; mais la loi reprend bientôt son empire, et le corps, dégagé de toute entrave, se précipite vers le centre. Je ne puis le soustraire à cette loi, même en le désorganisant.

8° Elle est raisonnable et bienfaisante. — Les lois du monde physique et intellectuel n'étant que les élémens qui constituent l'harmonie de l'univers, il en résulte qu'elles sont essentiellement raisonnables, autrement la nature ne présenterait qu'un véritable chaos, la confusion règnerait où nous apercevons l'ordre; l'anarchie, où nous voyons la sagesse. Il est donc de l'essence de la loi naturelle que ces préceptes soient conformes à la raison et à l'entendement humain. Elle doit être également bienfaisante, et conduire naturellement l'homme qui obéit à sa voix, vers un but salutaire, le bonheur. Si la loi naturelle était malfaisante; si l'homme était plongé dans un milieu où il ne pourrait vivre librement; si les objets dont il est entouré ne se trouvaient pas en rapport avec sa nature; s'il ne trouvait au fond de son cœur que des germes corrompus, que des sentimens vicieux, le genre humain serait bientôt détruit, ou plutôt, l'espèce n'aurait jamais pu se développer.

SECTION II.

§ Ier.—*Lois de la nature morale de l'homme.*

Quelques philosophes, et particulièrement Hobbes, Vertuysen, Bayle, Bolingbroke et surtout Bentham, ont nié l'existence des lois naturelles. Ils ont pensé, avec l'école de Cyrène, que le juste et l'injuste étaient arbitraires, et que les conventions ou la force étaient l'origine des lois; nous aurons occasion de réfuter cette erreur, en examinant tout-à-l'heure les principaux systèmes qui ont été imaginés sur le droit naturel, et particulièrement les théories de Hobbes et de Bentham.

Quant à nous, l'existence des lois naturelles nous paraît tellement évidente qu'il suffit d'apporter à leur examen un esprit dégagé de préjugés pour les reconnaître. Mais ce n'est ni dans les institutions des peuples anciens, ni dans le Décalogue, comme l'ont fait le docteur Warburton et M. le vicomte de Bonald, ni dans les sept préceptes que Noé, dit-on, nous a transmis, que l'on doit puiser la science des lois : elle surgit naturellement des sources les plus profondes de la philosophie.

C'est de la nature de l'homme, comme d'une source pure et inépuisable, que l'on voit découler toutes ses obligations et tous ses devoirs; et si la plupart des philosophes se sont, jusqu'à nos jours, égarés dans leurs théories sur les lois de la nature, c'est qu'ils ont voulu établir des systèmes *a priori*, sans rechercher les véritables bases qui devaient leur servir d'appui; c'est qu'ils ont négligé d'étudier la nature de l'homme, et que, flottans et incertains sur les véritables sources de ses penchans, de ses passions et de ses talens, ils ont ignoré que l'organisme humain était adapté à une série de qualités intellectuelles d'où découlaient naturellement la législation, la morale et la religion ; que les systèmes arbitraires ne pouvaient avoir qu'une existence éphémère, et que celui-là seul qui serait puisé dans l'essence de l'homme pourrait avoir ce caractère de fixité qui est le critérium de la vérité.

C'est en nous bornant à la recherche des facultés et des opérations de l'âme, c'est en suivant l'homme dans les diverses périodes de son développement, que la métaphysique pourra, comme la physique, devenir une science certaine. Les physiologistes philosophes, tels que Bonnet, Cabanis, le docteur Gall, dont la mort prématurée fera mieux apprécier les vues savantes et philosophiques, et les autres physiologistes qui ont écrit sur la métaphysique, ont fait faire des progrès plus réels à la science, que toutes les méthodes hasardées, que lord Bolingbroke appelle des entreprises téméraires; et nous ne doutons pas que ce ne soit à la physiologie que nous devrons un jour la perfection des sciences morales.

§ II. — *Nature de l'homme.*

L'homme est un être doué de facultés physiques comme les autres animaux, et de facultés morales qui lui sont propres; l'existence matérielle de l'homme, quoique essentiellement liée à son existence morale, peut cependant en être séparée par la pensée.

Facultés physiques. — Comme animal, la nature lui a donné tous les organes internes et externes propres à sa conservation; il se trouve en rapport avec le monde matériel par ses organes extérieurs, il est aussi soumis à des lois physiques qui sont indépendantes de son existence morale. Ainsi, s'il veut conserver sa vie, il faut qu'il se garantisse du froid comme de la chaleur excessive; qu'il se mette à l'abri des intempéries de l'air; qu'il prenne chaque jour la quantité de nourriture nécessaire à sa nutrition, etc. La nature lui a donné tous les organes nécessaires aux fonctions vitales : si ces organes sont attaqués, la vie cesse immédiatement. Ici le but du Créateur est évident, il a manifesté ses volontés par des témoignages non équivoques; nous ne pouvons nous soustraire à ses ordres souverains sans compromettre notre vie.

Du principe moteur ou de l'âme. — D'autre part, la nature, en favorisant l'homme d'une existence morale toute particulière, a également pourvu à la conservation et au développement des précieuses facultés de l'intelligence. Le cerveau, cette partie admirable de l'homme, est le siége de ses sensations et de ses facultés immatérielles; c'est l'organe de la pensée. L'âme, ou la partie sensitive de notre être, se compose de deux puissances principales, l'intelligence et la volonté.

C'est par la voie de l'intelligence que l'homme est capable de comparer des idées entre elles et d'en tirer des conséquences; de joindre le passé au présent et de pénétrer jusque dans l'avenir ; de rechercher les causes des phénomènes ; de connaître le mérite ou le démérite des actions ; de se tracer des règles de conduite.

La volonté ou libre arbitre est cette puissance qui porte l'âme, en vertu d'un principe inhérent à sa nature, à rechercher ce qui peut lui être utile, à agir ou ne pas agir, suivant son intérêt.

L'âme est susceptible de mille modifications : la satisfaction et le mécontentement, le plaisir et la douleur, la joie et la tristesse, le désir et le chagrin, la crainte et la honte, sont autant d'états de l'âme que l'on ressent avant d'y avoir songé. Ils sont indépendans de notre volonté. L'homme a le libre arbitre, mais sa faculté de vouloir n'est pas illimitée, elle est circonscrite dans les bornes de son organisation. Le Créateur a tracé autour de lui un cercle d'où il ne peut pas plus sortir qu'il ne peut s'éloigner des lois de son organisme physique.

Quels sont les points de ce cercle, quelle est son étendue ? c'est ce que nous ne pouvons encore assigner qu'imparfaitement. Les organes physiques de l'homme sont con-

nus, leur destination est évidente : ceux de
la pensée sont encore incertains, malgré les
belles expériences et les recherches persévérantes d'un médecin philosophe, le célèbre docteur Gall; et l'on doute encore si
les différentes parties du cerveau sont les
siéges particuliers de facultés individuelles,
ou si les facultés intellectuelles sont le résultat de l'action de toute la masse céré-
brale.

Si les siéges de nos facultés morales étaient
parfaitement connus, leur destination bien
évidente, les lois de la nature intellectuelle
de l'homme seraient aussi faciles à établir
que les lois de sa nature matérielle. Mais,
parce que nous ignorons ces siéges, devons-
nous renoncer à connaître les lois qui régis-
sent nos facultés immatérielles? Non, sans
doute. Puisque l'homme est sous nos yeux,
puisque nous sommes témoins des effets, que
nous pouvons les étudier, les comparer, les
méditer, essayons de découvrir les lois de
la nature morale de cet être, en combinant
les résultats de ses facultés.

SECTION III.

Ce que c'est que le Droit naturel.

Nous avons vu que les lois morales de l'homme étaient les rapports vrais et naturels qui existent entre les êtres moraux, ou les personnes. D'une manière plus générale encore, nous donnons le nom de lois morales de la nature humaine aux relations nécessaires qui s'établissent entre les facultés intellectuelles, ou qualités fondamentales de l'homme moral, et les objets extérieurs. C'est le système et l'assemblage de ces lois, considérées comme autant de règles imposées aux hommes par la nature, que l'on appelle DROIT NATUREL.

La loi naturelle n'est donc pas une pensée humaine, ni une volonté d'un pouvoir politique, c'est quelque chose d'éternel, qui doit régir l'univers par la sagesse de ses ordres.

Le système de ces lois forme une science vaste et utile à l'humanité. C'est à ces sources précieuses que doivent puiser les législateurs et les moralistes, s'ils ne veulent pas se jeter dans l'arbitraire, commander et prescrire des règles inutiles. En effet, ce serait en vain que la puissance de l'homme, qui est bornée, voudrait lutter contre celle de la nature, qui est infinie et toujours agissante; et toute Morale, toute Législation qui ne seront pas fondées sur les principes d'actions qui existent dans l'homme ne mériteront jamais le nom de sciences; elles ne présenteront qu'une réunion de maximes arbitraires, qui n'auront d'autre sanction que la force brutale, et que les peuples auront le droit d'effacer aussitôt qu'ils en auront le pouvoir.

CHAPITRE II.

Contradictions des philosophes et des publicistes sur le Droit naturel.

Lorsqu'on étudie les ouvrages des philosophes et des publicistes qui ont écrit sur le droit naturel, on est frappé d'étonnement, lorsque, après les avoir comparés, on réfléchit sur les contradictions choquantes qui règnent dans leurs écrits. Tous partent de points différens, et s'ils se rencontrent souvent, c'est en se croisant dans les routes fausses, où ils se sont égarés, mais ils n'arrivent jamais directement au but. L'histoire de ces contradictions est assez intéressante pour que nous lui consacrions quelques pages. Elle offrira d'ailleurs de l'utilité au lecteur, puisqu'en lui retraçant rapidement les divers systèmes qui ont été imaginés sur le Droit naturel, elle lui permettra de les juger et de les apprécier.

§ Ier. — *Contradictions dans la définition.*

Ce n'est pas seulement dans les développemens de la science qu'on remarque cette diversité d'opinions, ce n'est pas seulement dans ses élémens, on l'aperçoit même dans sa définition.

Ulpien, célèbre jurisconsulte romain, avait défini le Droit naturel, suivant les principes des stoïciens, celui que la nature a enseigné à tous les animaux: « *Quod natura omnia animalia docuit.* » Cette définition fut critiquée, sous le spécieux prétexte qu'on ne pouvait en faire dériver le Droit public, dont on ne trouve aucune ombre chez les animaux.

Heinneccius, et le servile troupeau des

imitateurs, rejetèrent cette définition ; ils pensèrent sans doute que c'était avilir l'homme, que de l'assimiler à la brute, et définirent le droit naturel « celui que Dieu a promulgué au genre humain par la droite raison. » D'autres ont pensé que « les lois naturelles étaient celles que la raison éternelle a gravées dans tous les cœurs : » d'autres enfin, que « le droit naturel n'était que la réunion de certaines maximes qui tiennent leur caractère de vérité de l'assentiment universel. » Toutes ces définitions sont plus ou moins inexactes, comme nous le démontrerons par la suite, et ne donnent pas une idée satisfaisante de l'objet défini. Celle d'Ulpien, qui nous paraît être la moins imparfaite, pêche néanmoins par sa trop grande généralité, comme le remarque avec justesse Vattel, et ne s'applique pas au droit naturel spécial à l'homme.

§ II. — *Erreur dans l'objet défini.*

L'erreur dans la définition, qui constatait qu'on n'avait qu'une idée imparfaite de l'objet défini, devait nécessairement conduire à l'erreur dans cet objet ; aussi existe-t-il une grande diversité d'opinions entre les publicistes sur le nombre des lois naturelles : ce que les uns ont considéré comme lois de la nature, a été classé par les autres dans les lois arbitraires, et la droite raison de Domat a découvert, comme le remarque avec esprit M. Comte dans son *Traité de législation*, dix fois plus de lois naturelles que le génie de Montesquieu.

On peut errer, nous le reconnaissons, sur les développemens de la science, sur ses corollaires; mais ses principes fondamentaux, ses sources devraient être incontestables, soit qu'on adopte les définitions des anciens jurisconsultes, soit qu'on préfère celle que nous avons donnée. En effet, si la nature ou la droite raison a gravé ces lois dans tous les cœurs, elles doivent être connues de tous, du philosophe comme de l'artisan. Si ce sont les rapports vrais et naturels entre nos facultés morales et les objets extérieurs, nous devons y obéir instinctivement, sans être forcés de les connaître ; et leur étude n'exige qu'un léger examen. Aussi voyons-nous que, malgré les erreurs de la philosophie sur cet objet important, l'esprit humain et la civilisation ont toujours marché en avant, parce que ces lois naturelles on les pratiquait sans les avoir définies. Cependant leur étude est de la plus grande utilité, puisque, lorsque nous les connaîtrons parfaitement, tous nos efforts, toutes nos institutions devront être calculés de manière à en favoriser l'application.

§ III.—*Examen des divers systèmes sur le Droit naturel.*

Les systèmes des philosophes sur le droit naturel sont nombreux ; nous retracerons les principaux, et nous en ferons une revue rapide, accompagnée d'observations.

Article Ier;— *Il n'y a pas de lois naturelles.*

Un jurisconsulte moderne, qui a rendu de grands services à l'humanité par ses travaux philosophiques, frappé sans doute des contradictions qu'il apercevait dans les écrits des publicistes qui se sont occupés des lois naturelles, a trouvé plus commode d'en nier l'existence que de rechercher si le monde intellectuel, comme le monde physique, n'a pas ses rapports nécessaires. Bentham considère les systèmes des lois naturelles non-seulement comme de vaines théories, mais encore comme les armes les plus funestes qu'on puisse employer pour asservir les particuliers et détruire les gouvernemens. « On ne peut plus, dit-il, raisonner avec des fanatiques armés d'un droit naturel, que chacun entend comme il lui plaît, applique comme il lui convient, dont il ne veut rien céder, rien retrancher, et qui est consacré à ses yeux comme un dogme dont on ne peut s'écarter sans crime. »

Le système de cet écrivain est erroné, ses craintes sont évidemment chimériques.

Si la nature n'est pas le principe du droit, il n'y a plus de vertu, il n'y a plus de justice; car, si on le fonde sur un intérêt, un autre intérêt le détruit. La législation devient un assemblage de préceptes abstraits, changeans comme les circonstances; ce n'est plus une science immuable et éternelle comme la vérité. Les législateurs n'ont plus de boussole pour se diriger. S'il n'y a pas de lois invariables dans la nature humaine, on peut sans crainte choquer les goûts, les affections, les besoins de l'homme; il suffira de le façonner au joug du caprice. Quel vaste champ ouvert à l'arbitraire! Combien les tyrans, qui voudraient tout plier à leur volonté, doivent désirer le triomphe ou plutôt la réalité de pareilles idées! Mais heureusement c'est un vain paradoxe. Il existe des lois qui gouvernent l'homme moral comme des lois qui gouvernent l'homme physique; ces lois tendent toutes à sa conservation et à son bonheur; elles sont évidentes et incontestables, ainsi que nous espérons le démontrer, et c'est faute de les avoir reconnues et appréciées, que se sont élevées ces vaines disputes qui ont égaré la science.

Les maximes arbitraires qu'on a voulu décorer du nom de lois naturelles ne sont que des fantômes; elles peuvent, il est vrai, devenir dangereuses pour la société, parce que l'erreur est toujours une arme dangereuse; mais le meilleur moyen de rendre ces maximes inoffensives, c'est moins de s'efforcer de les combattre par des preuves négatives, de chercher à prouver que ce ne sont pas des lois de la nature, que d'établir un système de lois naturelles tellement évident, qu'il ne faille que de la bonne foi et un esprit dégagé des préjugés si dangereux pour les progrès des sciences, pour les reconnaître et les faire consacrer par les hommes.

1°. — *L'utilité générale principe des lois.*

Bentham a trop d'expérience pour ne pas reconnaître qu'il existe des règles invariables suivant lesquelles les peuples prospèrent ou dépérissent, et pour ne pas sentir qu'il serait dangereux de livrer la législation au caprice des gouvernemens; il a donc pensé que l'utilité générale pouvait servir de base aux lois.

L'utilité, considérée comme principe des lois, n'est pas une découverte moderne; les sectateurs d'Aristippe et ceux d'Épicure avaient aussi fondé la religion sur la crainte, et la loi sur l'utilité; mais leur doctrine est combattue par Cicéron, dans son curieux traité *de Legibus.* «Si la mesure de tout est l'utilité, dit-il, celui qui en aura la puissance, et qui croira que la chose lui sera profitable, négligera ou brisera les lois. Nous n'avons, pour distinguer une bonne loi d'une mauvaise, qu'une règle, une seule règle, c'est la nature.»

Les philosophes que nous avons cités, et leur école, confondaient trop souvent l'utilité individuelle avec l'utilité générale, et il est juste de reconnaître que Bentham a élargi cette théorie. En admettant le principe de l'utilité générale, il repousse avec force celui de l'utilité particulière; mais ce système, tout attrayant qu'il est, n'offre rien de satisfaisant lorsqu'on veut l'approfondir : il est vague, incertain, et ne fait que déplacer la question sans la résoudre.

En effet, qu'est-ce que l'utilité générale? la réunion des intérêts individuels : pour satisfaire les masses il faut donc connaître l'intérêt privé, éviter de froisser les citoyens dans leurs goûts, leurs habitudes, leurs affections, leurs besoins. C'est donc en étudiant les lois de l'organisation humaine qu'on peut parvenir à connaître l'utilité générale, qui est le but et non pas le principe des lois.

L'utilité est une expression bien vague, bien indéfinie; on a abusé de ce mot avec tant d'effronterie qu'il est nécessaire de le définir avec soin; ce n'est qu'en étudiant les principes d'actions de la nature humaine, en recherchant les élémens constitutifs de notre être moral, que nous pouvons arriver à connaître parfaitement l'utilité générale.

2°. — *La force principe des lois.*

Quelques philosophes, *Hobbes* à leur tête, dans son traité *de Cive*, nient également l'existence des lois naturelles, et donnent pour origine aux lois la force et les conventions des hommes. Partant de ce principe que les hommes sont disposés à satisfaire leurs désirs aux dépens de leurs semblables, ils en tirent la conséquence qu'ils sont essentiellement méchans, et que, s'ils ne consultaient que leur sens moral, les plus grands désordres s'introduiraient dans la société; que l'état naturel de l'homme est l'état de guerre, et que ce ne sont que les lois positives qui peuvent servir de frein à cette bête féroce.

Ces principes, Hobbes les avait empruntés à quelques philosophes anciens. *Aristippe,* qui forma l'école cyrénaïque, *Arcésilas* et *Carnéade,* qui fondèrent la moyenne et la dernière Académie, ne disaient pas pré-

cisément que les hommes sont essentiellement méchans, mais que les vices et les
vertus sont arbitraires. Le philosophe anglais, frappé des désordres qui régnaient
dans sa patrie, avait goûté ces erreurs, qui
s'étaient enracinées dans son esprit : elles
furent partagées par *Montaigne* et J. J. *Rous-*
seau.

On a remarqué avec raison qu'avec de
pareilles dispositions , le genre humain
n'aurait jamais pu se développer; que les
hommes eussent infailliblement disparu de
la surface de la terre, s'ils n'avaient trouvé
dans leurs cœurs que des idées perverses sans
aucun mélange de pensées bienveillantes.
Cumberland a combattu victorieusement le
système de Hobbes, et s'est efforcé de prouver que la bienveillance est aussi un principe de notre nature. *Ferguson,* en adoptant ces idées, les a développées et leur a
donné un nouveau degré d'évidence.

Art. II.—*Un certain nombre de maximes uti-*
les forme le code des lois naturelles.—Réfutation.

Plusieurs publicistes ont considéré la

réunion d'un certain nombre de maximes dont l'observation est évidemment utile pour le genre humain, comme le code du droit naturel. Quelles sont ces maximes? quel est leur nombre? où est leur sanction? Il y a division complète sur tous ces points: l'assentiment universel, qu'on a voulu considérer comme le critérium de la vérité, il n'est pas possible de l'obtenir; et d'ailleurs, si on allait aux suffrages, on serait probablement étonné de la diversité des opinions. Vivre honnêtement, ne faire de mal à personne, rendre à chacun ce qui lui appartient, etc., sont des principes de morale qui sont conformes aux vœux de la nature; mais ce ne sont pas des lois naturelles; ces maximes ne peuvent servir de base à la science; elle doit reposer sur des fondemens plus certains. D'ailleurs, ces préceptes, que l'on voudrait considérer comme les élémens de la science, ne diffèrent-ils pas prodigieusement, suivant les nécessités que les positions topographiques et morales des peuples entraînent? Dans ce cas, chaque peuple ne pourrait-il pas soutenir que les usages fondés sur les préjugés les plus déraisonnables sont des maximes naturelles? L'Indien prétendrait que l'épouse, en se précipitant dans le bûcher qui doit réduire en cendre le cadavre de son époux, obéit à une obligation naturelle ; le Chinois dirait qu'il obéit à la voix de la nature, lorsqu'il expose l'enfant à qui il a donné le jour, parce qu'il est déjà chargé d'une nombreuse famille, ou que cet être malheureux est arrivé au monde contrefait ; le sauvage, qu'il cède au vœu de la nature, lorsqu'il abandonne son vieux père, dont les bras débilités par l'âge ne peuvent plus soutenir l'arc meurtrier et ouvrir le sein de la terre pour soutenir son existence.

De pareilles maximes, des préceptes purement arbitraires ne peuvent pas fonder la science, elle doit reposer sur des bases inébranlables.

Art. III.—*Il n'y a d'autres lois naturelles que celles que chacun trouve gravées dans son cœur.* — Réfutation.

Ce système a beaucoup d'analogie avec celui de la droite raison, et celui du sens intime que *Hutcheson* a si bien développé ;

mais il est trop vague et trop incertain pour pouvoir servir de fondement à une science : d'ailleurs, ignore-t-on qu'il y a des hommes, heureusement en petit nombre, qui ont un penchant décidé pour le vice ? l'habitude les familiarise avec les actions honteuses, et s'ils lisaient dans leurs cœurs, ils n'y trouveraient que des sentimens bas, des inspirations criminelles. En adoptant une pareille théorie, ne les autoriserait-on pas à se livrer à tous les désordres, dont ils trouveraient les germes pernicieux dans leurs cœurs dépravés ?

Les Platoniciens et *Cicéron* considéraient aussi le sens interne comme le fondement des lois naturelles. Le comte *de Shaftesbury,* dans son *Essai sur le mérite et la vertu,* a adopté cette opinion ; mais, malgré les efforts de ce philosophe et la dialectique séduisante de Hutcheson, on ne peut concevoir qu'une idée fort incomplète de ce sens moral, qu'ils considèrent comme le principe des lois de la nature. D'ailleurs, cette théorie nous conduit nécessairement à considérer les maximes que nous avons signalées comme les principes fondamentaux des lois naturelles, puisque ce n'est qu'en consultant leurs sens moraux que les moralistes ont pu les déduire, car dans ce système les deux sciences se confondent. Cette théorie mène donc au plus dangereux de tous les systèmes imaginés sur le droit naturel, à ce système contre lequel Bentham s'élève avec tant de chaleur, et qu'il trouve tellement pernicieux, qu'il préfère nier l'existence des lois naturelles plutôt que d'adopter un système qui peut conduire aux abus les plus monstrueux.

Art. IV.—*La volonté de Dieu, manifestée par la révélation, est la base du droit naturel.*—Réfutation.

Ce système a été embrassé par le docteur Warburton, dans sa *Divine légation de Moïse,* par plusieurs autres jurisconsultes et par *M. de Bonald.* Ils ne voient d'autres fondemens aux lois naturelles que la volonté de l'Être suprême, exprimée par la révélation et consignée dans la Genèse et autres livres du culte catholique. Mais cette pensée est-elle philosophique? est-elle raisonnable? Les livres sacrés et les vérités qu'ils enseignent doivent rester en dehors des discussions. Respectons-les, puisqu'ils contiennent les dogmes de notre religion, mais gardons-nous d'en faire découler les sciences profanes; en les touchant, en les examinant dans ce but, nous pourrions les souiller. D'ailleurs, si nos livres saints étaient les fondemens exclusifs de la morale et des lois naturelles, il en résulterait cette conséquence absurde, que la plus grande partie des habitans de la terre, c'est-à-dire tous ceux qui professent des cultes dissidens, et l'on en compte plus de soixante-douze, n'auraient ni morale ni bonnes lois; paradoxe qu'on n'a pas craint de soutenir, mais qui est démenti par l'expérience. Les hommes ont trouvé le bonheur et les empires sont devenus puissans partout où l'on a respecté les droits, les personnes et les propriétés.

Art. V.—*Une croyance religieuse, quelle qu'elle soit, est la base des lois.*—Réfutation.

La proposition que nous avons discutée dans le paragraphe qui précède, ne pouvant être soutenue avec succès, on a voulu ériger en principe qu'une croyance religieuse quelconque pouvait-être la base des lois; que peu importait qu'on adoptât tel ou tel culte, qu'on adorât Fôt, Boudha ou Jésus, que l'essentiel était qu'on eût une religion, qui devenait alors la base de la morale et des lois. Cette opinion a trouvé un grand nombre de partisans dans les différentes contrées, et particulièrement en Angleterre. Elle est cependant critiquée amèrement par *M. Comte*, qui prétend que ce système, réduit à sa simple expression, peut se traduire en ces termes: « Les hommes ont besoin de bonnes mœurs et de bonnes lois; ils ne peuvent obtenir ni conserver les unes et les autres qu'en adoptant un certain nombre d'erreurs convenues, et en chargeant un corps nombreux de les enseigner. »

Nous croyons que ce savant publiciste n'a pas parfaitement saisi la pensée des partisans de cette opinion; ils ne voient dans toutes les religions qu'un moyen plus ou moins parfait de mettre la créature en présence du Créateur, d'établir des rapports entre l'Être suprême et l'homme, et de lui inculquer ainsi cette conviction bienfaisante que le Maître de l'univers veille sur lui, et qu'il le jugera suivant ses mérites. C'est donc le sentiment religieux mis en action avec telle ou telle pratique extérieure qu'ils considèrent comme le fondement des lois naturelles et de la morale. Suivant les principes que nous développerons bientôt, leur erreur n'est que partielle; nous tâcherons d'établir que le sentiment religieux est un des principes de notre être, mais qu'il existe en nous d'autres motifs d'action auxquels il ne sert que de sanction.

Art. VI. — *Pensée des Stoïciens sur le droit naturel.* —Observation.

Les Stoïciens, dont les opinions en philosophie différaient peu, ainsi que nous l'avons vu, de celles des disciples de Socrate, de Platon et de ceux qui suivirent les maximes de l'Académie, ont le mieux dévoilé les véritables principes des lois. Tout en niant, avec raison, les idées innées, ils ont cependant reconnu des facultés élémen-

taires, des faits primitifs de l'entendement
qui impriment aux vérités qu'ils révèlent la
certitude qui résulterait de la conviction,
fruit de l'expérience. L'observation leur
ayant démontré que le monde formait un
tout, dont les parties avaient des rapports
généraux entre elles, ils avaient pensé que
le droit naturel n'était pas un assemblage
de lois spéciales à l'homme, mais bien le
résultat des facultés dont la nature avait accordé l'usage à tous les animaux. Ils bor-
naient donc le droit naturel à la défense de
soi-même, à l'union des sexes, aux soins
des enfans et aux autres effets de l'instinct.
Cette théorie, qui nous semble fondée sur la
nature, n'avait besoin que d'être développée
pour assurer à ce système la prééminence sur
tous les autres ; mais ces développemens
n'ont pas encore été tentés, et quoique les
facultés élémentaires des Stoïciens, ce qu'ils
appelaient les faits primitifs de l'entendement, eussent dû mettre la science dans la
véritable voie, il a fallu plus de deux mille
ans, le génie de Kant et l'esprit si profondément observateur du docteur Gall, pour
découvrir et signaler les dispositions innées

qui circonscrivent le domaine de l'intelligence dans les vastes limites où le Créateur a voulu la renfermer, par la constitution même de notre être.

Art. VII. *Système de Montesquieu.* — Observation.

Montesquieu, cet homme de génie qui, le premier en France, a porté la lumière au milieu du chaos des lois, a saisi avec cette admirable sagacité qui caractérise un esprit profond l'idée première des sectateurs de Zénon, et s'en est emparé. La loi naturelle n'est pour lui que le *dictamen* de l'instinct ; suivant ce principe, il réduit au nombre de cinq les lois primitives de la nature humaine.

La première, par son importance dans l'ordre moral, est celle qui, en imprimant en nous l'idée d'un créateur, nous porte vers lui.

La seconde est celle qui porte l'homme à la paix.

La troisième est celle qui porte l'homme à se nourrir.

La quatrième est celle qui porte un sexe vers l'autre.

Enfin la cinquième est celle qui porte l'homme à vivre en société.

En partant d'un principe vrai, Montesquieu est cependant tombé dans des erreurs tellement évidentes qu'elles doivent étonner dans un homme d'une si haute capacité, et qu'on ne peut les excuser qu'en remarquant qu'il ne se livre qu'en passant à la recherche des lois naturelles ; que, frappé, comme d'une vive lumière, de la vérité de la pensée des Stoïciens sur ce sujet, il en a été pénétré, mais qu'il ne l'a pas ensuite soumise à ses puissantes réflexions pour en déduire des corollaires exacts.

D'abord Montesquieu pense que, pour connaître les lois naturelles, il faut considérer l'homme avant l'établissement des sociétés, et que les lois de la nature sont celles qu'il recevrait dans un pareil état. Cette erreur, qui a été si victorieusement combattue dans nos temps modernes, est dangereuse, puisqu'elle ne tend à rien moins qu'à faire admettre que l'état social efface les lois primitives de notre être, tandis qu'au contraire, comme nous espérons le démontrer, il les favorise et les protége effi- cacement. Les lois de notre nature sont d'ailleurs trop profondément empreintes dans notre être pour que nous puissions nous y soustraire; elles constituent les élé- mens de notre existence morale. Dans tous les états, quelles que soient les modifications qu'éprouve l'homme, elles apparaissent toujours, elles se manifestent incessamment comme des monumens vivans de la volonté du Créateur. Mais ce qu'il y a de plus re- marquable, c'est que Montesquieu, qui veut découvrir les lois de la nature en isolant l'homme et en le considérant avant l'éta- blissement des sociétés, admet cependant, par une contradiction inconcevable, la so- ciabilité comme une des lois fondamentales de notre être.

Sa table des lois de la nature offre aussi des erreurs évidentes. Si nous reconnais- sons la première de ses lois, celle qui nous porte vers notre Créateur et que nous ap- pellerons sentiment religieux, nous repous- serons la seconde et la troisième. Nous ne trouvons en nous aucune loi primitive qui nous porte à vivre en paix, et Montesquieu a confondu l'effet avec la cause. Le besoin de la conservation personnelle est une loi de la nature, le besoin de la paix n'en est qu'une conséquence accessoire, et qui cède à la nécessité. Si la faim presse l'homme, il attaque les bêtes les plus effrayantes; s'il est attaqué, il se défend : c'est donc sa propre conservation, l'amour de lui-même qui est sa loi primitive; s'il aime la paix, c'est que la guerre est un état violent où sa personne, où le *moi* se trouve sans cesse exposé.

Quant à la loi qui porte l'homme à se nourrir, c'est un instinct purement physique, qui ne peut figurer dans notre code moral, et qui trouve sa sanction dans le sentiment de la conservation.

La quatrième loi de Montesquieu, qu'on peut appeler amour, et la cinquième, que nous nommons sociabilité, nous semblent fondées sur la nature humaine et doivent figurer dans la table des lois naturelles.

CHAPITRE III.

Nouvelle théorie sur les lois naturelles.

Après avoir attaqué tous les systèmes, après avoir montré leur fausseté ou leur insuffisance, ce n'est qu'avec un sentiment de défiance que nous osons proposer nos propres idées sur cette science. Toutefois, une considération nous excite et nous encourage; c'est que notre théorie ne s'éloigne pas infiniment de celle de Montesquieu, qu'elle nous paraît être le développement de la pensée des Stoïciens sainement entendue; c'est qu'enfin elle se trouve en rapport avec les découvertes modernes de la philosophie, et qu'elle est le résultat de réflexions profondes sur ce sujet.

Nous exposerons d'abord nettement et brièvement notre système, il recevra les développemens convenables dans la deuxième partie de cet ouvrage.

Lorsque l'on examine l'échelle graduée des êtres, on remarque qu'un espace immense sépare l'homme des animaux même les plus intelligens. Ce qui le distingue surtout des autres créatures, c'est l'esprit de combinaison, que Platon (*de Repub.* lib. IV) considère comme inné, et qui résulte de la faculté presque indéfinie de comparer dont l'a doué la nature. Cette première faculté de l'âme, qui rend l'homme essentiellement perfectible, est le plus beau don du Créateur.

L'homme, en vertu d'une loi impérieuse de son organisation, doit comparer, juger et apprécier les conséquences de ses actions. Cette faculté, qu'on appelle vulgairement *Raison*, et que nous nommerons *Sagacité comparative*, fait de l'homme un agent libre, et par conséquent responsable de ses actions. Plusieurs jurisconsultes ont considéré la droite raison comme le principe des lois de la nature, mais ils lui ont donné plus de puissance qu'elle n'en a effectivement ; elle doit régner et dominer partout, mais elle n'est pas l'unique loi de notre être moral. La sagacité comparative est donc la première loi de l'homme moral.

L'amour de soi, ou sentiment de la propre défense, qui est la qualité la plus essentielle à la conservation des espèces, puisque sans cette loi l'animal et le genre seraient bientôt anéantis, est le second principe de notre nature morale.

Cet attrait qui porte les sexes l'un vers l'autre, qui les lie par des liens plus doux que ceux de l'amitié, qui les enchaîne par un sentiment enivrant et presque indépendant des plaisirs physiques, l'*amour*, est la troisième loi naturelle.

La nature, en créant l'homme essentiellement faible, incapable de se nourrir, de se diriger, a dû pourvoir à sa conservation par un moyen efficace; elle a inspiré aux pères et mères une tendresse décidée pour leurs enfans. Ce sentiment si nécessaire est la quatrième loi de la nature.

Les qualités fondamentales dont nous avons parlé sont communes, quoiqu'à des degrés inégaux, à tous les êtres animés qui par leur organisation appartiennent aux degrés supérieurs de l'échelle des créatures; la faculté dont nous allons nous occuper, et que nous plaçons au cinquième rang, parce que l'ordre naturel des idées nous a conduit à cette classification, mais qui occupe le premier dans l'ordre moral, comme l'a judicieusement remarqué Montesquieu, est la loi qui nous porte naturellement vers l'Être suprême, et que nous nommons *sentiment religieux*.

Enfin la sixième et dernière loi primitive de la nature humaine est ce sentiment qui porte l'homme à vivre en société, et que nous nommons *sociabilité*. C'est là son véritable état de nature, puisque c'est le seul où il peut exercer ces brillantes facultés que l'Être suprême lui a prodiguées.

Tel est le tableau des lois de la nature morale de l'homme; c'est de ces sources primitives qu'on va voir découler les droits, les devoirs et toutes les institutions humaines.

DES LOIS PRIMITIVES

DE LA NATURE HUMAINE.

~~~~~~

TABLE DES LOIS PRIMITIVES.

Nous allons présenter ici le tableau général de ces lois ou sources premières.

Elles sont, comme nous l'avons vu, au nombre de six :

1re source. *Sagacité comparative.*
2e *Amour de soi.*
3e *Attrait des sexes l'un vers l'autre.*
4e *Tendresse des pères et mères pour leurs enfans.*
5e *Sentiment religieux.*
6e *Sociabilité.*

CHAPITRE PREMIER.

Première source. — *Sagacité comparative.*

Il n'y a rien que l'homme doive plus cultiver que son intelligence. Elle se développe par l'expérience, aidée de cette merveilleuse
~~~~~~

faculté de réfléchir, de comparer diverses idées entre elles, et d'en tirer des conséquences, faculté qu'il possède à un degré si supérieur aux autres animaux, qu'il n'y en a aucun, même parmi les mieux organisés, qui puisse lui être comparé à cet égard.

Cette faculté se développe avec d'autant plus de facilité chez l'homme, que de tous les êtres créés il est le plus capable de recevoir l'impression des objets extérieurs. Un système nerveux admirablement combiné le rend le plus impressionable des êtres, et les sensations mieux perçues viennent perfectionner rapidement ses idées. Joignez à cela la conformation heureuse de son corps, la délicatesse de son toucher, la flexibilité de ses mains, à laquelle quelques philosophes n'ont pas craint d'attribuer toute sa perfectibilité; le don merveilleux de la parole, qui lui permet, par la communication de la pensée, de profiter de l'expérience de ceux qui l'ont précédé dans la voie de la vie; l'invention de l'écriture, que quelques écrivains ont trouvée si prodigieuse, qu'ils n'ont pas voulu en laisser le mérite à l'esprit humain, et l'ont considérée comme un don du Créateur, communiqué aux hommes par la révélation ; et vous comprendrez la souveraineté légitime que l'homme exerce sur la nature.

L'étendue et la puissance de cette qualité fondamentale de l'homme ont fait penser à quelques publicistes qu'elle était le principe unique des lois naturelles, et, sous le nom de droite raison, ils en ont fait la base de leur système. La généralité de cette théorie en fait seule le vice, il n'y a de vrai que la proposition suivante :

§ Ier. — *Nos facultés s'entr'aident réciproquement ; la raison les dirige.*

Quoique les hommes abusent bien souvent de leurs facultés, et se laissent trop fréquemment égarer par leurs passions, il faut reconnaître cependant que ces facultés nous ont été données par la nature pour de bonnes fins. Les sens, l'imagination, la mémoire, les instincts, les penchans, les appétits et les passions, sont autant de ressorts qui doivent agir simultanément, et nous conduire vers un but unique, le bonheur. Mais pour arriver à cette fin il faut que nous nous laissions diriger par la raison, qui n'est que l'intelligence perfectionnée par la réflexion et la sagacité comparative.

§ II. — *De la liberté morale.*

La réflexion, cette opération de l'âme qui consiste à comparer les avantages ou les inconvéniens qui peuvent résulter d'une détermination, donne à l'homme un véritable empire sur lui-même; ses actions sont délibérées, il est libre d'agir ou de ne pas agir, et peut modifier comme il lui plaît ses opérations, faire un choix entre diverses combinaisons, qui sont les résultats de ses sensations, vouloir ou ne pas vouloir; en un mot, c'est un agent moralement libre, et cette liberté est d'autant plus grande, que son intelligence, mieux cultivée par l'éducation, peut résister plus facilement aux sollicitations des désirs et aux sophismes des passions.

§ III. — *Il est comptable de ses actions.*

Puisque l'homme est capable d'être dirigé par la raison, qu'il peut juger et choisir, qu'il est maître d'agir ou de ne pas agir, il en résulte qu'il est l'auteur libre de ses actions, qu'elles peuvent lui être imputées et qu'il en demeure responsable. Si l'homme n'était que l'instrument aveugle de ses penchans et de ses instincts, s'il devait obéir nécessairement à ses appétits, il ne pourrait répondre de ses déterminations, puisqu'elles ne résulteraient pas de sa volonté. Lorsqu'il aurait commis une action honteuse, il ne serait pas plus coupable que le poignard dont l'assassin se sert pour consommer un meurtre. Toute action ou toute omission (car les moralistes mettent aussi l'omission au rang des actions, parce qu'ils la considèrent comme la suspension volontaire de l'exercice d'une faculté), soumise à la direction de l'homme, peut donc être imputée à celui qui devait agir ou s'abstenir, il en doit supporter les conséquences.

§ IV. — *De la conscience.*

L'intelligence et la volonté sont, comme nous l'avons vu, les principales puissances de l'âme. L'intelligence ou entendement, qui est la faculté de comprendre les choses, est naturellement droite, c'est-à-dire qu'il n'y a personne dont l'organisation soit complète, qui n'ait naturellement assez de lumières pour distinguer les actions honnêtes des actions honteuses, pour discerner la vérité de l'erreur dans les choses qui se rapportent au devoir. L'expérience prouve la vérité de ce principe, et le raisonnement le confirme. Si on le repousse, la morale n'a plus de base, et l'édifice social s'écroule immédiatement, puisque l'on confond dès lors le juste et l'injuste, le bien et le mal. Il n'y a plus d'actions punissables, puisqu'elles peuvent toutes être excusées sous le prétexte d'erreur invincible, et que les lois divines ni les lois humaines ne peuvent condamner un homme pour avoir violé une règle qui serait hors de la sphère de son intelligence.

L'entendement humain, naturellement droit, donne naissance à ce sentiment intérieur, qu'on a appelé *conscience*, source auguste et mystérieuse du devoir. La conscience, que Hobbes appelle l'opinion de l'évidence, n'est donc que la raison elle-même jugeant de la moralité des actions en les comparant avec la loi naturelle dont elle a la prescience.

Si l'homme n'avait pas reçu de la nature

avec l'existence, la conscience pour le diriger, incapable de remplir sa noble destinée, il eut marché de front avec les animaux; c'est parce qu'il a la raison en partage et la conscience du juste et de l'injuste, qu'il est le roi de la nature.

§ V. — *De la moralité des actions humaines.*

Nous entendons par *moralité des actions*, leur conformité avec les lois naturelles et le *dictamen* de la conscience. Tout ce qui est conforme aux règles du devoir et de la nature est moral ; tout ce qui leur est contraire est immoral.

Les *actions morales* sont bonnes et justes, les actions immorales sont mauvaises ou injustes. Il y a aussi une troisième espèce d'actions, qu'on appelle indifférentes.

L'action bonne est celle qui tend au bonheur de l'espèce, ou à celle de l'homme.

L'action mauvaise est celle qui est contraire au vœu de la nature.

L'action indifférente est celle qui n'est ni bonne ni mauvaise, ni juste ni injuste, et que nous pouvons faire ou ne pas faire, suivant notre bon plaisir.

L'action juste est récompensée par l'approbation de la conscience, ce qui forme un des élémens du bonheur.

L'action injuste est punie par le remords qui conduit nécessairement au malheur.

§ VI. — *Conclusion de ce chapitre.*

La sagacité comparative est donc une des lois les plus importantes de notre nature, puisqu'elle moralise toutes nos actions en nous donnant la liberté d'agir, ou de ne pas agir. Elle éclaire la conscience, source merveilleuse du devoir; elle sert de guide aux autres lois de notre nature; et sans son flambeau salutaire, les lois qui dirigent l'homme moral, les sentimens qui l'animent, dégénéreraient en instincts grossiers, qui se rendraient maîtres des volontés humaines, et feraient de ce roi de la nature créée le plus misérable des êtres.

CHAPITRE II.

Amour de soi.

« Tout être animé est porté par la nature
» à sa propre conservation, à défendre sa
» vie et son corps, à éviter tout ce qui peut

» lui nuire, à se procurer tout ce qui est né-
» cessaire à son existence (1). »

Cette pensée, que Cicéron avait empruntée aux sectateurs de Zénon, prouve que la
découverte de cette loi n'est pas moderne,
et que les anciens l'avaient observée et si-
gnalée.

C'est en effet une des lois les plus impérieuses de l'animalité. Il suffit de jeter les
yeux sur la nature, pour être convaincu de
son existence et de sa généralité. Tout être
sensible a l'instinct de *sa conservation* et une
horreur décidée pour l'anéantissement; il
recherche tout ce qui peut lui être utile,
évite tout ce qui peut lui nuire. Chez l'homme,
cet instinct se change en un sentiment raisonné qui devient un des principes fondamentaux de ses actions, et c'est presque
toujours le *Moi* qui dirige sa détermination.
Un philosophe spirituel, La Rochefoucault,
a démontré dans une foule d'aperçus ingénieux, que l'amour de nous-mêmes s'identifie à toutes nos pensées, à toutes nos déterminations, et qu'il est la cause première
et puissante de la plupart de nos actions.

(1) Cic., *de Officiis*, lib. I, 4.

Le suicide n'est pas une preuve négative de l'existence de ce sentiment. Nous n'insisterions pas davantage pour prouver la réalité de cette loi de la nature, dont l'existence nous paraît démontrée, si nous n'avions entendu quelques personnes la révoquer en doute, en se laissant séduire par ce sophisme: Le caractère d'une loi de la nature, c'est l'immuabilité; or la loi qui porte l'homme à sa conservation n'est pas immuable, puisque chaque jour nous sommes témoins de sa violation par des exemples fréquens de suicide.

Nous avons démontré dans la première partie de cet ouvrage (section 1re, n° 2), que, s'il était de l'essence de la loi naturelle d'être immuable dans sa généralité, il n'en était pas de même dans sa spécialité; qu'elle pouvait être suspendue et transgressée sans perdre son caractère primitif, et que les exemples spéciaux ne pouvaient pas servir d'argument contre l'immuabilité du principe général.

Nous ajouterons que le suicide n'est jamais le résultat d'une délibération libre; que l'homme qui attente à sa vie est toujours sous l'empire d'une passion dominante qui l'égare, et que l'histoire ne nous offre pas d'exemple où l'homme libre d'esprit soit sorti de la vie de propos délibéré, comme on quitte un théâtre.

SECTION PREMIÈRE.

Le désir de la félicité est essentiel à l'homme.

L'amour de nous-mêmes nous conduisant vers tout ce qui peut nous être utile, nous recherchons instinctivement le *bonheur* ou *souverain bien*. Et quoique nous nous égarions souvent dans nos recherches, ce but est cependant celui vers lequel nous tendons incessamment. Mais en quoi consiste ce souverain bien? Aristipe et Epicure répondent, dans le *plaisir;* Hiéronime le Rhodien, dans l'absence de la douleur ; les Stoïciens, dans la vertu ; Platon, dans la connaissance de la vérité et la pratique de ce qui est honnête ; les Péripatéticiens, à vivre selon les lois de la nature. Dans ce conflit d'opinions qui paraissent au premier abord si contradictoires, qui ont été soutenues tour à tour par de si puissans raisonneurs, comment oserons-nous faire un choix? mais peut-être n'est-il pas nécessaire de choisir, peut-être, en confondant ensemble tous ces systèmes, en suivant les principes des Eclectiques, qui ne recherchent que la vérité et s'emparent de toutes les idées utiles, en les dégageant de l'entrave des systèmes qui souvent les défigurent en les contraignant ou en les exagérant, est-il possible d'arriver à la connaissance parfaite du souverain bien.

Les Péripatéticiens faisaient consister le souverain bien à vivre selon les lois de la nature; or la nature nous invite à rechercher le plaisir et à fuir la douleur; la raison nous enseigne que l'honnêteté et la vertu peuvent seules nous conduire au bonheur qui est l'état parfait de la nature humaine et qui suppose l'absence de la douleur et la volupté de l'âme.

Ces systèmes ne sont pas contradictoires : ils s'entr'aident au contraire réciproquement; ils tendent vers un même but, et l'on aperçoit qu'ils découlent d'une source commune, des leçons sublimes du fondateur de la première académie.

Lorsque nous disons que le *plaisir* est un des élémens du bonheur, il faut se garder de penser que nous faisons consister le souverain bien dans ces voluptés grossières, ces enivremens des sens auxquels la nature nous invite quelquefois, mais qui deviendraient infailliblement les instrumens de notre malheur, si nous ne savions pas résister à leurs sollicitations.

Loin de nous l'idée de prêter à ce mot l'acception que lui ont donnée les disciples d'Epicure; nous lui attribuons même une signification plus belle, plus large qu'Epicure lui-même, quoiqu'il ait dit que le premier des plaisirs est la vertu; car il résulte de sa doctrine, qui est exposée par Cicéron dans ses divers ouvrages philosophiques, qu'il donnait à cette expression une acception encore trop sensuelle; mais nous l'entendons dans le sens que lui donne Torquatus dans le *Premier livre des biens et des maux.*

«Tout être animé, dès qu'il est né, aime et recherche instinctivement le plaisir comme le souverain bien; il hait la douleur et la fuit comme un grand mal. On n'a pas besoin de preuves pour démontrer ces vérités; on les sent comme la chaleur du feu ou la douceur du miel.

« » Ce serait folie de blâmer la volupté, parce que c'est la volupté : on la repousse, parce qu'elle engendre souvent des maux pour ceux qui ne savent pas en faire un usage modéré. Qui oserait, en effet, blâmer celui qui rechercherait un plaisir qui ne pourrait être suivi de rien de fâcheux ?

» Mais en recherchant la volupté, nous ne voulons pas seulement parler de celle qui caresse la nature par un charme secret, nous regardons comme plaisir l'absence de la *douleur;* car, dès que nous ne ressentons aucune douleur, nous jouissons du bien-être. Or, tout ce qui contribue au bien-être est volupté, et c'est avec raison qu'on appelle plaisir l'absence de la douleur et la satis-faction des besoins.

» Maintenant, pourrait-on imaginer un état plus heureux, plus désirable, que celui d'un homme qui jouirait de l'intégrité de ses fa-cultés physiques et intellectuelles, sans qu'au-cune douleur ni aucune inquiétude le trou-blât le moins du monde? En effet, il faudrait qu'il eût le corps sain, l'âme ferme; qu'il ne craignît pas la douleur ni la mort; qu'il sût jouir du présent et des voluptés passées en les rappelant sans cesse à son souvenir : que pourrait-on ajouter à un état si fortuné ?

» A l'égard de la *vertu*, qui est si excellente et si belle, qui pourrait la trouver telle si elle ne produisait la volupté de l'âme ?

» Il en est de même de la *sagesse*, qui est l'art de vivre ; on la dédaignerait si elle n'était bonne à rien ; on la désire parce qu'elle procure la volupté. »

L'on comprend maintenant la *volupté* dont nous voulons parler. L'ignorance de ce qui est utile ou nuisible étant un des principaux inconvéniens et un des plus grands maux de la vie, parce que l'erreur sur ce qui est dangereux ou convenable prive les hommes des plaisirs les plus doux ou les livre à des peines cruelles, l'ignorance doit donc être évitée et vaincue comme un mal.

La sagesse, au contraire, nous arrachant aux penchans vicieux, aux craintes, aux préjugés, aux fausses terreurs, aux opinions mensongères, doit être recherchée comme un bien.

Il n'y a, en effet, que la sagesse qui

puisse nous conduire à une vie paisible, nous préserver de la guerre des passions et nous enseigner les chemins qui conduisent au bonheur. Il faut donc rechercher la sagesse à cause de la volupté qu'elle procure, fuir l'ignorance et la folie à cause des maux qu'elles entraînent après elles.

Pour arriver au souverain bien, suivons donc les lois de la nature, fuyons la douleur et recherchons la volupté, mais en nous souvenant de ces belles paroles d'Épicure que rappelle Diogène Laerce : « Il n'est pas de bonheur sans la sagesse, l'honnêteté et la vertu, ni de sagesse, d'honnêteté et de vertu sans bonheur. »

SECTION II.

Le désir de la liberté est une conséquence de l'amour de soi.

Le désir du bien-être conduit irrésistiblement l'homme à l'amour de l'indépendance, parce qu'il sait qu'il n'y a pas de bonheur sans liberté; que hors de l'état social il ne doit compte de ses actions qu'à l'Être suprême et à lui-même; que sa liberté ne peut être gênée que par la violence, et que la force ne fait jamais le droit ; que la liberté est un droit qu'il tient de son Créateur, et qu'il n'y a pas de droit contre le droit.

Il sait que les obligations que lui impose la force, il a le droit de s'en affranchir aussitôt qu'il en a le pouvoir ; qu'il est maître de lui-même et de ses actions ; qu'il n'est assujéti qu'à l'autorité de la raison, qui est sa règle primitive ; qu'enfin son droit à l'indépendance ne peut être limité que par ses besoins, ses affections et son intérêt individuel.

I. *Les autres lois de notre nature posent des limites à ce droit.*

Le charme séducteur qui l'entraîne vers l'autre sexe, qui l'attache à sa compagne, la tendresse que la nature lui inspire pour ses enfans, en lui imposant des devoirs, viennent circonscrire son droit absolu à la *liberté ;* mais le besoin impérieux de vivre en société, la Sociabilité, qui est son véritable état naturel, puisque c'est le seul où il puisse développer les belles facultés qu'il a reçues de la nature, lui prescrit le devoir de sacrifier une partie de ce droit précieux pour acquérir de nouveaux avantages et l'exercice plus complet de la liberté, et, en se mettant sous l'égide protectrice de l'organisation sociale, assurer la tranquillité de sa personne et de ses propriétés.

II. *Erreur des publicistes qui ont voulu légitimer l'esclavage.*

Toute la matière de cette section nous l'emprunterons à J.-J. Rousseau et à Montesquieu ; l'erreur que nous signalons est si dangereuse que nous craindrions d'affaiblir les puissans argumens avec lesquels ces deux grands hommes l'ont combattue victorieusement.

«On ne croirait jamais que c'eût été la pitié qui eût établi l'esclavage, et que pour cela elle s'y fût prise de trois manières : Le droit des gens a voulu que les prisonniers fussent esclaves pour qu'on ne les tuât pas ; le droit civil des Romains a permis à des débiteurs, que leurs créanciers pouvaient maltraiter, de se vendre eux-mêmes ; et le droit naturel a voulu que des enfans qu'un père esclave ne pouvait plus nourrir, fussent dans l'esclavage comme leur père. Ces raisons des jurisconsultes ne sont pas sensées : il est faux qu'il soit permis de tuer dans la guerre autrement que dans le cas de nécessité ; mais dès qu'un homme en a fait un autre esclave, on ne peut pas dire qu'il ait été dans la nécessité de le tuer puisqu'il ne l'a pas fait.....

« Il n'est pas vrai de dire qu'un homme libre puisse se vendre : la vente suppose un prix ; l'esclave se vendant, tous ses biens entreraient dans la propriété du maître ; le maître ne donnerait donc rien et l'esclave ne recevrait rien..... Si la liberté a un prix pour celui qui l'achète, elle est sans prix pour celui qui la vend.

» Supposons, d'ailleurs, qu'un homme puisse se vendre ; il n'en résulterait pas qu'un peuple entier pût aliéner sa liberté. Aliéner c'est se donner ou se vendre ; or un homme qui se fait esclave d'un autre ne se donne pas, il se vend tout au moins pour sa subsistance. Mais un peuple, pourquoi se vend-t-il ? Bien loin qu'un roi fournisse à ses sujets leur subsistance, il ne tire la sienne que d'eux ; et, selon Rabelais, un roi ne vit pas de peu. Les sujets donnent donc leur personne à condition qu'on leur prendra leurs biens ; je ne vois pas ce qui leur reste à conserver.

» Dire qu'un homme se donne gratuitement, c'est dire une chose absurde et inconcevable ; un tel acte est illégitime et nul, par cela seul que celui qui le fait n'est pas dans son bon sens : dire la même chose de tout un peuple, c'est supposer un peuple de fous : la folie ne fait pas le droit.

» Quand chacun pourrait s'aliéner luimême, il ne peut aliéner ses enfans ; ils naissent hommes et libres ; leur liberté leur appartient ; nul n'a le droit d'en disposer..... Renoncer à la liberté, c'est renoncer à sa qualité d'homme, aux droits de l'humanité et même à ses devoirs, il n'y a nul dédommagement possible pour quiconque renonce à tout, une telle renonciation est incompatible avec la nature de l'homme ; c'est ôter toute moralité à ses actions, que d'ôter toute liberté à sa volonté. »

Le droit d'esclavage fondé sur la naissance est donc plus illégitime encore que ceux dont on veut tirer l'origine de la guerre ou d'aliénation volontaire de sa liberté.

III. *De la traite des Nègres.*

Si nous considérons avec Montesquieu et J.-J. Rousseau la liberté comme un droit inaliénable ; si nous pensons avec le profond métaphysicien Kant, que la première loi pratique de la raison est que tout être raisonnable est à lui-même son propre but, qu'il ne doit en aucune rencontre servir de moyen à la volonté arbitraire d'un autre, et qu'il ne peut en conséquence aliéner sa liberté, ni nuire à celle d'autrui ; quelles seront les expressions assez avilissantes que nous pourrons employer pour flétrir cet infâme trafic si long-temps favorisé par les gouvernemens anciens, toléré par les gouvernemens modernes malgré les cris et la juste indignation de la philosophie, et qui n'a disparu que lorsqu'il a été sapé par la réprobation de tous les peuples et par l'horreur générale qu'il a inspirée? La traite des Nègres était un attentat permanent aux droits de l'humanité; on trafiquait de l'espèce humaine comme des animaux les plus vils. On arrachait les esclaves à leur famille, à leur sol natal; on les entassait dans les cales des navires; l'avidité semblait leur reprocher l'espace étroit qu'ils occupaient dans ces cachots mobiles.

Le récit historique des cruautés que souffraient ces malheureux fait frissonner d'horreur; et ces infamies, c'étaient des hommes civilisés qui les commettaient; ils les exerçaient comme un droit légitime, et cherchaient à les justifier par les sophismes suivans :

Dabord, disaient-ils, la race nègre est bien inférieure à la race blanche sous le rapport des qualités morales; son intelligence est moins susceptible de développement : le noir forme l'anneau intermédiaire qui sépare l'homme de la brute. S'appuyant même des découvertes de l'anatomie et de la physiologie pour corroborer leur paradoxe, ils remarquaient que le trou occipital, c'est-à-dire l'ouverture qui communique de la tête au tronc, était beaucoup plus en arrière chez les noirs et surtout dans les races inférieures, telle que celle des Hottentots, que chez les peuples européens; ce que l'on considère généralement comme un caractère physiologique de l'animalité : ils remarquaient aussi que la partie frontale, qui est le siége des qualités supérieures de l'homme, était sensiblement déprimée chez ces peuples ; d'où ils concluaient qu'ils formaient une race inférieure qui devait être soumise à l'Européen, qu'ils considéraient comme le chef-d'œuvre de la nature. Si l'infériorité de l'intelligence devait nécessairement conduire à l'esclavage, combien d'Européens mériteraient des fers ! Mais les nègres ont tous les organes fondamentaux de l'intelligence : l'exercice et la civilisation développeraient infailliblement ces organes. D'ailleurs, cette infériorité intellectuelle fût-elle invincible, elle ne détruirait pas la qualité d'homme et ne pourrait justifier le pouvoir sans limites qu'on s'arroge sur ces malheureux.

On a voulu encore légitimer l'esclavage par la nécessité ; mais ce vain prétexte s'évanouit en présence des leçons de l'expérience ; car ici la nature semble avoir voulu que l'humanité et l'intérêt fussent d'accord. L'économie publique enseigne que le travail libre est beaucoup plus avantageux et plus économique que les travaux des esclaves. Que l'on compare, en effet, l'ardeur que met dans ses travaux le cultivateur qui doit nourrir l'épouse qu'il aime, les enfans qu'il chérit, et dont tous les instans sont employés à gagner le salaire modique qui suffit tout au plus à alimenter ces objets de son affection, avec l'indolence et le découragement qui sont l'apanage de l'esclave, dont l'activité ne peut être éveillée par intervalle que par les châtimens; que l'on compare et que l'on juge lequel est le plus profitable! Or la valeur des terres est toujours dans un rapport direct avec leur produit; et comme le travail augmente la production, il en résulte que, sous tous les rapports, la liberté du travail doit être utile aux colons. Aussi l'Amérique nous offre-t-elle déjà d'heureux exemples de colonies libres qui prospèrent. Espérons que l'intérêt personnel et l'humanité se réuniront pour proscrire l'esclavage, que sans violence, et tout en respectant des droits acquis, nous verrons luire le jour mémorable où l'esclavage sera banni de tous les pays.

SECTION III.

L'homme parvient au bonheur par le chemin dé la sagesse.

Le bonheur est cette satisfaction intérieure de l'âme qui naît du sentiment du bien-être et de l'estime de soi-même. Mais comment parvenir au bien-être? comment mériter sa propre estime? en suivant la voie de la *sagesse* et le chemin de la *vertu.*

En quoi consiste la sagesse? à vivre selon la nature, à suivre les anciens préceptes des sages, qui ordonnent de se conformer au temps, *tempori parere;* — d'obéir à la volonté de Dieu, *sequi Deum;* — de se connaître soi-même, *et se noscere;* — enfin d'éviter tout excès, *et nihil nimis.* — La sagesse est donc la conformité de nos actions aux lois de la nature; elle engendre nécessairement les actions honnêtes, dont l'assemblage forme l'être moral qu'on appelle *vertu.*

La nature de l'homme a été divisée par les anciens philosophes en deux parties, en âme et en corps. Ils ont pensé que l'un et l'autre étaient des biens qui méritaient d'être conservés; persuadés que la sagesse devait être la sentinelle et la tutrice de l'homme, la compagne et l'aide de la nature, ils ont dit qu'il était du devoir de la sagesse de protéger cet être composé d'âme et de corps.

Remarquant que la connaissance des biens du corps ne présentait aucune difficulté, ils se sont appliqués à rechercher quels étaient les biens de l'âme; ils y ont trouvé des germes de justice et d'équité qui, cultivés par la réflexion, donnaient naissance à la vertu, et engendraient cette grandeur d'âme qui nous met en état de braver les revers de la fortune.

Les germes que la nature a semés dans l'âme des hommes, ils ont reconnu qu'ils produisaient les fruits précieux de la tempérance, de la modestie, de l'honnêteté et de toute espèce de vertu.

Le bonheur se composant de deux élémens, d'une vie vertueuse, et des choses qui sont selon la nature, le sage ne doit négliger aucune de ces parties. Si la vertu, à cause de sa beauté et de son utilité, mérite la préférence, ce n'est pas un motif pour résister aux sollicitations de la nature, et renoncer à remplir sur cette terre la mission dont nous sommes chargés. La sagesse doit diriger nos actions, mais elle ne peut se mettre en opposition directe avec la nature.

§ Ier. — *L'étude est un devoir, l'ignorance est l'ennemie de notre conservation.*

Les anciens philosophes considéraient la *science* comme un bien tellement utile qu'ils n'avaient pas hésité à l'admettre au nombre des vertus. Ils pensaient que la nature elle-même, dans le but de la conservation de l'homme, l'avait excité à la recherche et à la contemplation de ses secrets, et que la *curiosité* était innée dans son âme; d'où naissait le désir de cultiver son intelligence, et l'amour de la discussion. Jetons en effet les yeux sur l'homme ignorant : sa vie n'est qu'une suite d'inconséquences qui compromettent plus ou moins son existence ou son bien-être. L'expérience ne lui ayant pas appris à lire dans l'avenir, l'instant présent est tout pour lui, et l'imprévoyance préside à toutes ses actions. Ignorant l'influence des corps étrangers sur son être, il s'y expose sans précaution; les règles de l'hygiène lui étant inconnues, il se livre à tous les excès, et brave les intempéries de l'air. Les maladies qui viennent bientôt l'affliger troublent son bien-être; et son organisation ébranlée par les chocs fréquens qu'il lui fait éprouver, est, toute proportion gardée, plus rapidement détruite que celle de l'homme qui, connaissant les lois générales de la nature, sait se garantir des influences nuisibles, et profiter de celles qui lui offrent des avantages.

§ II.— *L'oisiveté engendre le vice, qui est encore plus fatal au bien-être.*

D'ailleurs l'ignorance suppose l'*oisiveté,* que Thémistocle appelait « le tombeau d'un homme vivant. » L'oisiveté engendre le vice; car, en ne faisant rien, l'homme apprend à mal faire. Or le vice est un hôte exclusif qui s'empare bientôt de l'âme, en bannit tous les sentimens généreux, règne en maître, flétrit le cœur, émousse l'esprit, abat les forces physiques, et conduit au tombeau par la misère, la douleur et le désespoir.

SECTION IV.

Le droit de défense découle de cette source.

En inspirant à l'homme un légitime amour de lui-même, une aversion décidée pour tout ce qui peut lui porter atteinte, la nature lui a accordé le droit de veiller à sa conservation, et de protéger le moi par tous les moyens possibles. S'il est attaqué, il a le droit de se défendre, de repousser la violence par la force, de blesser et même de tuer l'agresseur, s'il ne peut se soustraire que par le meurtre au péril qui le menace. Hors de l'état social le *droit de défense* serait indéfini, et entraînerait aussi celui de se faire en toutes circonstances justice à soi-même; dans les sociétés civiles il est naturellement restreint aux cas où il n'est pas possible d'éviter autrement un péril imminent. Aussi le droit sacré de la défense, quoiqu'il ait été limité par les lois civiles dans l'intérêt des membres de la société, a-t-il toujours été respecté par toutes les législations comme un droit naturel et légitime.

SECTION V.

L'amour de soi, dirigé par la raison, enseigne le respect du droit d'autrui.

J'ai dit que le sentiment du moi n'était pas purement instinctif chez l'homme, qu'il était dirigé par cette faculté presque indéfinie de comparer, qu'on appelle vulgairement raison. Ce sentiment ainsi raisonné ne peut pas en général produire l'égoïsme, qui consiste dans le désir de tout attirer à soi sans s'inquiéter du droit d'autrui, et qui n'est en conséquence que le déréglement de l'amour de soi, l'amour propre en désaccord avec la raison qui doit toujours le diriger.

En effet, l'homme, quelque fort qu'il soit individuellement, est toujours faible relativement, puisque deux ou plusieurs hommes peuvent se réunir et l'accabler par une attaque collective, et qu'un individu plus faible peut le surprendre par la ruse ou le vaincre par l'adresse. La sagacité comparative lui parle donc de cette manière: « Si tu attaques ton voisin, et qu'il soit le plus fort, il t'accablera. S'il est vaincu, il reviendra demain avec ses parens et ses voisins, et t'accablera encore. Si tu lui prends son chevreau, il te prendra ta génisse par la force ou la surprise. De là naîtront des guerres de voisinage interminables, où ta vie et tes propriétés seront sans cesse menacées : au contraire, si tu respectes sa personne et ses biens, son intérêt bien entendu lui apprendra à respecter ta personne et tes biens.

«Si tu ne veux pas être blessé, ne blesse donc pas autrui; telle est la règle que te dicte ton intérêt.»

La sympathie naturelle qui lie les hommes, le sentiment du juste et de l'injuste, que la nature semble avoir gravé dans le cœur des humains, viennent se joindre à son propre intérêt, sanctionner les conseils de la raison, et ériger en loi cette maxime si sagement recommandée par le divin auteur de la religion chrétienne :

Ne fais pas à autrui ce que tu ne voudrais pas qu'on te fît.

§ Ier. — *Il fait naître la pitié dans son cœur.*

La *pitié* n'est pas, en général, un sentiment désintéressé, c'est plutôt un retour sur soi-même. Si nous voyons une large plaie, notre nature frissonne, la portion de notre corps qui correspond à la partie blessée souffre évidemment, nous transportons par la pensée la blessure sur nous-mêmes, nous ressentons les souffrances du patient, et nous cherchons à le soulager. Il en est de même dans le monde moral. Nous nous mettons à la place de la mère infortunée qui a perdu son fils, son unique espérance; nous nous figurons les angoisses que nous éprouverions dans cette circonstance pénible, et nous pleurons avec elle. Aussi notre pitié est-elle plus facilement excitée au récit des malheurs qui ont affligé une personne de notre condition, d'infortunes que, en raison de notre position sociale, nous pouvons facilement éprouver, qu'au récit de coups du sort qui ne peuvent que difficilement nous atteindre.

Loin de moi la pensée de vouloir matérialiser la pitié et la bienveillance dont elle est le principe. Elle est le partage des êtres sensibles doués d'une heureuse organisation, et l'apanage d'une belle âme; et si elle tire son origine de l'amour de nous-mêmes, elle s'élève à la dignité de vertu lorsqu'elle devient une pratique habituelle, dirigée par les plus nobles sentimens.

L'amour du prochain, ou la *charité*, qui n'est que la mise en action du sentiment de la pitié, nous dicte cette belle loi, la seconde de celles que Jésus-Christ recommandait spécialement :

Fais à autrui ce que tu voudrais qui te fût fait.

Ce même amour du prochain est une des bases de la philosophie, qui est la science des lois de la nature.

§ II. — *Il fait naître l'émulation et le désir d'exceller.*

L'amour propre, non-seulement nous dirige vers notre bien-être physique, mais encore vers tout ce qui peut flatter nos penchans, nos faiblesses, notre vanité, nous caresser moralement. Le moi est notre favori, nous l'ornons, nous l'embellissons de notre mieux, nous sommes fiers lorsqu'il peut paraître avec avantage aux yeux de nos concitoyens, leur inspirer une haute idée de ses facultés et de ses vertus, parce que nous espérons trouver dans l'estime générale un nouveau moyen de le voir arriver à ce bien-être, à cette satisfaction intime qui contribue si puissamment à son bonheur.

L'amour propre accompagne le guerrier au camp, et le suit au milieu des périls; il soutient le navigateur dans ses courses pénibles; il voltige autour de la lampe nocturne du savant; il met l'épée à la main du jeune imprudent, qui, blessé dans ce qu'il appelle son honneur, expose sa vie par un amour mal entendu de lui-même, ou venge une légère injure par un crime atroce; il sollicite et met en action toutes les facultés humaines; enfin, c'est le principal et puissant mobile de nos délibérations, de nos déterminations et de la plupart de nos actions.

SECTION VI.

Du devoir de la conservation naît le droit de propriété.

Toute obligation, tout devoir engendre des droits corrélatifs. La nature nous ayant fait un devoir de veiller à la conservation de notre vie, nous en avons conclu que le droit de défense découlait de cette obligation primitive. Mais notre existence est subordonnée aux objets extérieurs qui sont en rapport avec elle; il faut des fruits ou de la chair d'animaux pour la soutenir; il faut des vêtemens pour nous garantir des intempéries atmosphériques, un asile pour nous reposer. Dans l'état de *communauté négative*, tout ce qui nous entoure, tout ce qui est à notre convenance, tout ce qui peut contribuer à notre bien-être, la nature nous accorde le droit de nous en emparer. Dans cet état, la possession seule pourrait constituer un droit à cet objet, mais aussi ce droit de possession serait indéfini, puisqu'il s'étendrait à tous les objets qui ne seraient pas possédés.

Le *droit de possession*, qui est le moyen primitif d'acquérir la propriété, dérive donc du devoir de la conservation: nous verrons bientôt que l'état social convertit ce droit de possession en *droit de propriété*, entièrement indépendant de la détention réelle.

CHAPITRE III.

Attrait des sexes l'un vers l'autre.

L'instinct de la conservation, éclairé par la sagacité comparative, aurait suffi pour préserver les êtres créés de la destruction immédiate ; mais une autre loi était indispensable à la propagation des espèces, qui sans elle eussent disparu de la surface de la terre. La nature, toujours bienfaisante, a pourvu avec prudence à la conservation des genres, par un nouvel instinct qu'on peut appeler *sentiment de la propagation.* Cet instinct, dégagé de ce qu'il a de trop matériel chez les animaux, et combiné avec les autres principes de la nature humaine, produit ce sentiment vif et délicieux qui nous attire vers l'autre sexe, qui nous attache à un individu de ce sexe, nous rend heureux de son seul bonheur, et identifie notre existence avec celle de l'être que nous aimons.

§ Ier. — *Situation hypothétique du premier couple humain.*

Figurons-nous par la pensée la situation

où durent se trouver les deux premiers
humains sortis des mains du Créateur ;
supposons qu'ils se fussent déjà familiarisés
avec tout ce qui les entourait ; que la sécurité, qui résulte de la conscience de la
supériorité, eût déjà fait disparaître la
crainte inquiète, et qu'au milieu d'une nature riche et riante, dans un jardin délicieux comme en présentent quelques ver-
sans de l'Asie, ils eussent déjà senti qu'ils
étaient les rois des êtres ; que chacun d'eux,
solitaire, parcourût chaque matin les sites
enchanteurs, qui l'entourent ; que l'onde
pure qui fuit avec un doux murmure servît
à étancher sa soif ; que les arbres lui offris-
sent abondamment une nourriture saine et
agréable : tout lui sourit , tout semble vouloir contribuer à son bonheur, et cependant
il désire : un besoin qu'il ne peut définir
le sollicite et le tourmente : semblable à la
jeune vierge, il soupire après un bien qu'il
ne connaît pas encore ; il se plaint, et ses
vœux incertains ignorent ce qu'ils appellent.

Conduits par le hasard, ces deux êtres
se rencontrent ; ils se considèrent avec avidité ; un doux attrait les attire l'un vers

l'autre, mais la timidité naturelle qui embellit la beauté lui fait baisser les yeux. Elle tressaille ; elle hésite : tout-à-coup elle s'échappe, avec le désir d'être poursuivie. L'homme l'implore, il la supplie de ne pas s'éloigner, il vole sur ses traces, il l'atteint, il la presse ; elle repousse mollement ses caresses, le désir triomphe, sa timide pudeur ne lui résiste plus ; il la prend par la main, la conduit au berceau de l'hyménée, une douce ivresse s'empare de leurs sens, et sur un lit de verdure et de rose ils ont connu l'amour et ses délicieux transports.

§ II. — *Influence de l'amour sur le développement des facultés humaines.*

L'existence qui se trouvait concentrée dans l'état d'isolement où nous avons supposé les premiers humains, dut devenir plus expansive, lorsqu'ils furent réunis et qu'ils sentirent qu'on pouvait aimer des objets placés en dehors d'eux-mêmes. Le sentiment qui les unit, les engage à chercher à se complaire ; l'homme, qui a la conscience de sa supériorité, rassure et protége sa bien-aimée, dont les caresses et la douceur l'enivrent: pour mériter son estime, il ne craint pas de s'exposer aux plus pénibles travaux; une caresse lui fait oublier ses peines. Il franchit les torrens, gravit les montagnes, fait la guerre aux animaux, et vient déposer à ses pieds la dépouille du sanglier qu'il a vaincu. Dans son désir de lui plaire, son esprit inventif imagine mille surprises agréables, il cherche à lui procurer les commodités et les agrémens de la vie, à la garantir de la rigueur du temps, à la mettre à l'abri des intempéries de l'air : c'est une idole qu'il se plaît à parer et à embellir.

Le désir de plaire à celle qu'on aime, l'amour, qui, comme toutes les passions, sollicite toutes les facultés de l'âme, a été sans doute un des agens qui a le plus contribué à la perfectibilité humaine : il a adouci les mœurs et servi avec efficacité la civilisation. En jetant son principe actif et énergique au milieu des relations des sexes, il a commandé les plus belles actions et les plus grands efforts de l'esprit humain.

Lycurgue se servit de l'influence de l'amour comme d'un principe capable de conduire aux actions les plus nobles; il le fit entrer dans le système d'éducation des jeunes Spartiates, et leur énergie naturelle fut souvent soutenue par ce sentiment puissant.

CHAPITRE IV.

Tendresse des père et mère pour leurs enfans.

Cet être merveilleux qui a su plier à ses besoins et façonner à sa volonté tout ce qui l'entoure, qui a pénétré les mystères les plus secrets de la nature, qui a découvert le mécanisme merveilleux de l'univers, et s'est élevé aux théories les plus sublimes par la seule force de son génie; cette créature surprenante naît cependant dans un état complet de faiblesse et d'incapacité de corps et d'esprit, au milieu des cris que lui arrache la douleur. Son instinct conservateur se borne à saisir la mamelle qui doit soutenir sa débile existence, et, s'il était abandonné dans cet état presque passif de la vie, il n'aurait vu le jour un seul instant que pour être bientôt replongé dans le néant.

Mais le Créateur, dont la sagesse nous confond, et qu'on admire d'autant plus qu'on étudie davantage les nombreux phénomènes du monde matériel et de l'intelligence, a pourvu à la conservation de ces êtres encore imparfaits, en les confiant à *l'amour de leurs père et mère*. Il a mis dans l'âme des humains un sentiment de tendresse tellement puissant, que les soins infinis qu'exige l'enfance, les peines et les travaux qui en sont la conséquence, sont supportés avec résignation par les père et mère, et le plus souvent considérés comme des devoirs doux et agréables. Nous aimons, nous chérissons ceux à qui nous avons donné la vie; nous leur sacrifions nos veilles, nos plaisirs; un sourire de notre enfant nous console de tous nos sacrifices.

Ce sentiment est plus vif chez la femme que chez l'homme, parce que c'est elle qui, après avoir éprouvé les souffrances qui précèdent et qui suivent l'enfantement, doit veiller sans cesse autour de cette faible créature; elle l'aime avant qu'elle ait vu la lumière, elle l'adore lorsqu'elle la serre dans ses bras : les douleurs qu'elle a éprouvées la lui rendent encore plus chère. Chez elle, ce sentiment s'élève souvent jusqu'à l'héroïsme,

elle défend son enfant au péril de sa vie;
elle s'exposerait à mille morts pour le préserver du trépas; elle sacrifie un bien plus
précieux à ses yeux que la vie, sa beauté,
pour conserver l'existence de celui qu'elle a
mis au monde; elle souffre de ses douleurs,
partage ses joies, le console dans ses chagrins, est enivrée de son bonheur lorsque,
plus avancé dans la carrière de la vie, il a
mérité des éloges ou obtenu des succès; et,
lorsque vers le déclin de la vie la mort lui a
ravi l'époux qu'elle aimait, toute sa tendresse se concentre sur son fils; elle ne vit
plus que pour lui, son existence s'attache à
la sienne, et le coup qu'il recevrait frappe-
rait deux victimes.

O femmes! ce sublime sentiment qui vous
anime, vous rend dignes de tous nos hom-
mages; il vous met au-dessus de nous; c'est
de la vertu sans faiblesse!

SECTION PREMIÈRE.

La monogamie est dans la nature de l'homme.

L'étude de la zoologie a démontré que
parmi les animaux, les uns, comme les pi-

geons, les tourterelles, l'autruche, etc., sont monogames; les autres, comme le coq, le paon, etc., sont essentiellement polygames. L'histoire naturelle de l'homme ne laisse aucun doute sur le but de la nature à cet égard; elle l'invite par les attraits les plus puissans à la *monogamie* ou au *mariage;* aussi la plus grande partie des peuples de la terre, et surtout la plus civilisée, vit-elle dans cet état qu'on peut appeler naturel; ce n'est guère que chez les nations où le luxe a perverti les mœurs des grands et des riches, sous des climats brûlans qui invitent à la luxure, que l'on voit légitimer par les lois nationales la pluralité des femmes.

Mais ce n'est qu'en étouffant les sentimens naturels, qu'en les sacrifiant aux plaisirs grossiers des sens qu'on a pu admettre la *polygamie.* L'union des cœurs, cette douce intimité qui résulte du mariage, cette communauté de joie et de souffrances, la tendresse paternelle, qui se concentre sur l'enfant qui nait d'une union légitime, et qui s'égare au milieu d'une nombreuse lignée qui assiége les parvis d'un sérail, toutes les jouissances morales disparaissent avec la polygamie. Ce n'est plus un époux en présence de sa bien-aimée, c'est un maître qui commande à des esclaves, à des machines caressantes, qui ne doivent avoir d'autres pensées, d'autres passions que celles de plaire au despote qu'elles servent, et de se haïr l'une l'autre; dont toutes les actions doivent tendre aux plaisirs d'un être déjà rassasié de jouissances, et qu'elles ne peuvent aimer puisqu'elles le redoutent.

La pluralité des femmes ne peut d'ailleurs convenir qu'aux états despotiques, où l'esclavage est dans les mœurs; elle ne serait pas tolérable dans les contrées où la liberté est considérée comme un droit qui appartient aux deux sexes; où l'on reconnaît que les femmes, cette belle portion du genre humain, doivent aussi jouir de ce droit précieux; où l'on sait qu'il n'est pas permis de les parquer comme des animaux; qu'en les cloîtrant, l'homme abuse de sa force; qu'il prive la société d'un de ses charmes les plus séduisans; qu'il résiste à ses affections, et sacrifie ses sentimens à ses jouissances matérielles.

Montesquieu, il est vrai, pense que la polygamie n'est pas un usage contre la nature dans les climats du midi; il fonde son opinion sur les calculs qu'on a faits, dit-il, en divers endroits de l'Europe, et qui constatent qu'il y naît plus de garçons que de filles, et qu'au contraire, les relations de l'Asie et de l'Afrique disent qu'il y naît plus de filles que de garçons; d'où il conclut que la loi d'une seule femme en Europe, et celle qui en permet plusieurs en Asie et en Afrique, sont en rapport avec les climats. Mais ces calculs sont-ils bien authentiques? Si l'on veut considérer l'énorme importation de femmes qui se fait en Orient, tout porte à croire qu'ils sont inexacts; les conséquences qu'il en tire ne sauraient donc être vraies.

Il ajoute cette considération : « Dans les pays chauds les femmes sont nubiles à huit, neuf et dix ans; ainsi l'enfance et le mariage y vont presque toujours ensemble; elles sont vieilles à vingt ans : la raison ne se trouve jamais chez elles avec la beauté. Quand la beauté demande l'empire, la raison le fait refuser; quand la raison pourrait l'obtenir, la beauté n'est plus; les femmes doivent donc être dans la dépendance. »

Cette pensée est fort ingénieuse, mais elle

n'est pas concluante, et nous pouvons ajouter que les faits ne sont pas rigoureusement exacts. En effet, dans les climats chauds la vie est plus courte, le corps acquiert sa perfection plus rapidement ; aussi l'esprit se développe avec le corps, et la beauté devient ainsi contemporaine de la raison. D'ailleurs, le développement des facultés physiques et intellectuelles suit la même marche précipitée chez les hommes, et les relations morales des sexes se trouvent ainsi favorisées par la nature, comme dans nos pays tempérés et dans les climats septentrionaux, mais seulement dans un âge plus précoce.

Au surplus, nous pensons que Montesquieu accorde trop d'influence au climat, et n'en donne pas assez à l'éducation et aux institutions : sans doute le sol, l'atmosphère influent directement dans chaque pays sur les productions de la nature, sur l'homme comme sur les végétaux ; mais le gouvernement exerce aussi une grande influence sur notre nature. Chaque peuple a eu dans la révolution des siècles ses phases de gravité et d'étourderie, de sagesse et de frivolité, d'héroïsme et de lâcheté.

Voltaire fait remarquer, en effet, que l'empereur Julien dit dans son *Misopogon* que ce qui lui plaisait davantage dans les Parisiens, c'était la gravité de leur caractère et la sévérité de leurs mœurs ; que l'on compare ce portrait avec celui des habitans de cette ville à l'époque des guerres de la Fronde, et même sous le règne de Louis XVI

D'où vient, ajoute le satirique auteur, que Rome a pour ses Cicéron, ses Caton, ses Tite-Live des citoyens qui n'osent parler, et une populace de gueux abrutis, dont le suprême bonheur est d'avoir quelquefois de l'huile à bon marché, et de voir défiler des processions ?

Le temps change tout, excepté les lois de la nature ; celles-ci règnent partout en souveraines. Les préjugés, l'ignorance, le despotisme peuvent avoir assez d'influence pour faire méconnaître pendant une longue série d'années les lois qui ne sont que des corollaires des lois principales de la nature humaine ; ils peuvent détourner ces sources de leurs cours naturels, mais elles finissent toujours par suivre leur pente. La liberté et le mariage, qui sont des conséquences de ces lois primitives, règneront par les progrès de la civilisation sur toute la surface de la terre, et l'homme se trouvera ainsi rappelé vers le véritable but de la nature, l'état le plus heureux dont il puisse jouir dans cette vie.

Je terminerai cette section par les considérations suivantes. Dans les pays où la polygamie est dans les lois de l'État, elle est le partage de la classe opulente; le peuple, c'est-à-dire la masse de chaque nation, vit dans l'état de mariage. Montesquieu lui-même, tout en pensant que la polygamie n'est pas contraire aux lois de la nature dans les climats du midi, avoue cependant qu'elle ne lui paraît pas utile.

Dans les pays où elle est en usage, l'observation démontre que la population, loin de s'accroître, est moindre que dans les pays où le mariage est en honneur.

Enfin, en Amérique, dans les latitudes les plus brûlantes, sous la ligne, la polygamie n'est pas considérée comme un besoin : elle n'est ni dans les mœurs ni dans les lois.

Parlerons-nous de la pluralité des maris, de la *polyandrie*, confinée dans un petit coin de la terre, au Thibet? Elle semble encore s'éloigner bien plus de la nature de l'homme et du but de l'union des sexes, la propagation de l'espèce.

§ Ier. — *Des devoirs des époux l'un envers l'autre.*

Nous nous sommes efforcés de prouver, dans la première partie de cette section, que le mariage n'est pas une situation adventice, un contrat purement civil, exigé par l'intérêt social, mais une conséquence nécessaire de notre nature morale, de nos affections, de nos besoins. Nous allons actuellement exposer brièvement les devoirs qui résultent de cet état.

Les époux se doivent mutuellement *fidélité* et *assistance* dans leurs besoins. Le mari, à qui la nature accorde la supériorité physique, et dont l'intelligence, en raison de la plus grande activité de sa vie, se développe davantage par l'expérience, doit protéger et diriger sa femme. De son côté, la femme doit obéissance et déférence aux volontés de son mari.

Les égards mutuels, la bonne amitié qui

doivent régner dans une pareille union, font d'ailleurs disparaître ce que ces idées de protection et d'obéissance pourraient avoir d'injurieux pour l'épouse; sa dépendance ne doit être que celle de l'amitié.

§ II. *De l'adultère.*

La filiation des idées que nous avons présentées nous conduit à considérer l'*adultère* comme un crime, comme une violation manifeste, non-seulement des institutions civiles, mais encore des lois de la nature.

S'il est volontaire de la part de l'épouse, il porte le trouble dans le sein de la famille, il détruit la confiance de l'époux. Un doute funeste s'empare de son cœur: cet enfant qu'il élève sous ses yeux, auquel il prodigue ses soins, n'est peut-être pas le fruit de ses œuvres; peut-être un sang étranger coule-t-il dans ses veines.

De la part de l'époux, il a des conséquences moins fatales; mais il peut anéantir la bonne intelligence, et provoquer de funestes représailles.

Mais si l'adultère est le résultat de la violence, il prend un nouveau caractère de criminalité; c'est un attentat à la personne, c'est un meurtre moral, qui exige une vengeance éclatante; c'est une violation des lois les plus sacrées de la nature.

Sous le règne de Tarquin, il n'y avait pas de loi contre l'adultère: cependant, lorsque Sextus Tarquin pollua de ses caresses grossières l'infortunée Lucrèce, tous les Romains sentirent qu'il avait violé une loi éternelle, parce qu'il existe une raison émanée de la nature des choses qui pousse au bien et détourne du crime; une loi qui est contemporaine de l'intelligence, qui ne permet pas que l'injustice triomphe et que la violence domine. La nature cria aux Romains : « Sextus a commis un crime abominable! » et les Romains vengèrent la nature outragée.

SECTION II.

Des devoirs de famille.

L'éducation des enfans, de ces êtres qui nous inspirent une si vive tendresse, est le lien puissant qui nous attache, indépendamment de notre affection particulière, à celle qui nous a donné des gages de son amour.

Cette tendresse, qui est une source de jouissances journalières pour les père et mère, les engage à la pratique des vertus domestiques. Le désir de conduire leurs enfans au bonheur par la voie de la vertu, d'en faire de bons citoyens, des enfans respectueux, qui soient leur appui dans leur vieillesse, et qui leur rendent les soins qu'ils ont prodigués à leur enfance, fait un devoir aux époux de maîtriser leurs passions, de ne mettre sous leurs yeux que de bons exemples, de surveiller les détails de l'administration domestique, de ne souffrir qu'aucun désordre s'introduise au sein de la famille, et de parvenir ainsi à l'aisance et à la considération.

L'amour paternel est donc le principe de *l'amour du travail*, de la *sobriété*, de la *tempérance*, de l'*économie*. Bientôt on voit naître dans la famille l'*amour filial*, qui découle de la reconnaissance, l'*amour fraternel*, l'accomplissement des devoirs de maître et de serviteur, et toutes les vertus domestiques qui s'enchaînent en prenant leur origine dans l'amour paternel.

§ Ier. — *Les pères sont les juges naturels de la famille.*

L'habitude et la pratique des vertus domestiques rendent naturellement le chef de la famille l'arbitre de tous les différends qui naissent dans son sein. L'injure n'est pas vengée par l'injure; le membre offensé va porter sa plainte au pied de ce tribunal domestique; le blâme, la réprimande, l'exil du toit paternel, sont les peines que la nature met à sa disposition, et qu'il applique avec l'indulgence d'un père et le discernement que lui donne l'expérience.

§ II. *Distinction du juste et de l'injuste.*

En comparant les actions avec leurs conséquences, en observant que telle manière d'agir a toujours des résultats fâcheux et telle autre des résultats utiies; et, surtout, en se laissant diriger par le sentiment moral qu'il trouve au fond de son cœur, le père de famille voit se développer devant lui les principes fondamentaux du *droit.*

Toute action qui est contraire aux lois de la nature, qui blesse un des membres de la famille ou qui nuit aux intérêts de tous, est blâmable ou *injuste.*

Toute action qui est en harmonie avec les lois naturelles et qui a pour but l'intérêt de tous, est utile, honnête et *juste.*

Il arrive ainsi à découvrir que la *justice* n'est que la volonté constante et perpétuelle de rendre à chacun ce qui lui appartient.

SECTION III.

Liaison de parenté et d'alliance.

Le mariage et la naissance des enfans, qui unissent si étroitement les père et mère et leurs descendans, forment aussi des liens naturels entre les individus qui appartiennent à une souche commune; c'est le même sang qui coule dans leurs veines.

La *parenté* est *directe* ou *collatérale* : la *ligne directe* est la suite des degrés entre personnes qui descendent l'une de l'autre; la *ligne collatérale*, la suite des degrés entre personnes qui ne descendent pas l'une de l'autre, mais d'un auteur commun : elles sont l'une à côté de l'autre, et liées par le sang à la souche commune.

L'*alliance* est la liaison qui s'établit entre l'un des époux et les parens de l'autre époux.

C'est donc l'état de famille qui engendre les premiers liens des hommes entre eux; c'est un des élémens de la sociabilité qui, comme nous l'établirons bientôt, est une des lois les plus impérieuses de la nature humaine : aussi les parens qui osent rompre ces liens de famille excitent-ils une horreur universelle et bien plus grande que quand une violation des devoirs sociaux part d'un étranger.

CHAPITRE V.

Sentiment religieux.

Toutes les qualités dont nous avons parlé jusqu'ici sont communes, quoique dans des proportions fort différentes, à la plupart des êtres animés. Le *sentiment religieux*, dont nous allons nous occuper et que nous considérons aussi comme une loi de notre nature morale, est particulier à l'homme et le distingue essentiellement des animaux.

Ce sentiment, nous le plaçons après les lois que nous avons indiquées, quoique nous pensions avec Montesquieu qu'il mérite le premier rang par son importance dans l'ordre moral, parce que le cours naturel des idées nous a conduit à cette classification, et que nous n'aurions pas pu en adopter une autre sans détruire l'harmonie de notre système.

C'est en vertu d'une loi de notre organisation que nous sommes naturellement portés vers l'Être suprême, et que nous pouvons nous élever jusqu'à la connaissance de Dieu. C'est une voix secrète qui nous crie, indépendamment de toute rélévation : « Rends hommage à ton Créateur ; admire sa puissance, abaisse-toi devant lui. » Quelques hommes, il est vrai, depuis Thalès de Milet jusqu'à nos jours, ont, en suivant les traces de ce philosophe, nié l'existence d'une cause première, d'une intelligence éternelle, et, dans leur fol orgueil, ont voulu expliquer la formation du monde en attribuant au hasard l'ordre admirable de cet univers. Ils ont prétendu que ce n'était qu'une des combinaisons possibles des molécules ou atômes qui constituent tous les êtres animés ; mais ces folles idées ne peuvent triompher dans les siècles éclairés, et

ce n'est qu'en résistant à ce sentiment intérieur, en faisant violence à sa propre nature, que l'homme peut arriver à l'*athéisme*.

Première preuve de l'existence de ce sentiment.

Lucrèce avait dit que la crainte avait
fait les dieux (*Primus in orbe deos fecit ti-
mor*). L'on s'est plu à répéter cette idée,
qui a été adoptée et développée par Vol-
ney. Mais Épicure, que l'on considère à
tort comme un des plus ardens apôtres de
l'athéisme, puisqu'il n'a jamais nié l'existence des dieux, mais qu'il prétendait seulement qu'ils étaient complètement oisifs,
que rien n'agissait sur eux, qu'ils n'agis-
saient sur rien, ce qui constituait leur bonheur, que leur sagesse et leur vertu faisaient
seules leur joie, Epicure, dis-je, nous offre le
plus puissant argument contre l'erreur du
poète latin, qui n'a trouvé que trop de partisans dans les temps anciens et modernes.

« Oui, s'écrie le philosophe athénien, il y
a des dieux ; l'évidence des idées nous le
démontre. Sans avoir l'idée d'une chose,
c'est-à-dire sans en avoir une représentation
mentale, nous ne saurions la concevoir ni en

parler ; or quel peuple, quelle sorte d'hommes n'a pas, indépendamment de toute étude,
une idée, une prénotion des dieux ? » Dans
son livre *de la Règle et du jugement*, qui,
comme tous les ouvrages de l'auteur, n'est
pas parvenu jusqu'à nous, il développait
cette pensée profonde, et faisait sentir la force
et l'utilité de ce principe. Cicéron, dans le premier livre *de Natura Deorum*, reproduit quel-
ques-uns de ses argumens : « Puisque cette
idée n'est pas une opinion qui vient de l'é-
ducation, de l'habitude ou de quelque loi
humaine, mais une croyance ferme et una-
nime parmi les hommes, il en résulte que
c'est par des notions gravées dans nos âmes
ou plutôt innées, que nous comprenons qu'il
y a des dieux ; or tout jugement, quand il
est universel, est nécessairement vrai ; il
faut donc reconnaître qu'il y a des dieux,
et comme les philosophes et les ignorans
s'accordent tous sur ce point, il faut reconnaître que les hommes ont naturellement une
idée, une prénotion de la Divinité. »

Les raisonnemens que Cicéron met dans
la bouche de Cotta, dans ce même livre, d'a-
près les doctrines d'Arcésilas, ne peuvent dé-

truire cette idée profonde et vraie du phi
losophe athénien.

Seconde preuve.

Plutarque remarque que, de son temps,
il n'y avait pas un seul peuple connu chez
lequel on n'eût trouvé quelques traces de religion : « Vous trouverez, dit-il, des villes sans
murs, sans rois, sans théâtres, mais vous
n'en trouverez jamais sans dieux et sans sacrifices. » En effet, chez toutes les nations,
et même dans les tribus les plus barbares,
l'existence de ce sentiment se manifeste par
des pratiques extérieures : le Péruvien adore
le soleil ; l'Indien des bords du Gange, le
fleuve qui fertilise ses campagnes ; le Sauvage se prosterne devant son Fétiche ou les
animaux qui le servent ; le noir Jolof adore
l'Océan qui baigne ses rivages ; les Apalaches
de la Floride, une grande montagne qu'on
nomme Olaimi ; les Natchez de la Louisiane,
une pierre conique précieusement conservée
dans une enveloppe de plus de cent peaux
de chevreuils. Tourmenté par le besoin
d'aimer qui le sollicite, l'homme s'adresse
à la nature, aux vents qui gémissent, aux

mers qui grondent, aux astres qu'il voit rouler sur sa tête. Bientôt la raison épure ce sentiment; il ne s'élève pas encore à la sublime idée du maître de la nature, du créateur de l'univers, mais il invoque des êtres surhumains que son ignorance ne peut pas encore dépouiller des faiblesses et des passions des hommes; il les dote d'une puissance qui n'est limitée que par le destin, leur partage la nature, les arme d'un bouclier, d'un trident ou de la foudre; et sous divers emblèmes il adore les dieux que son imagination a créés; il les implore dans ses chagrins, leur immole des victimes, et leur demande les biens de cette vie et les douceurs d'une vie future.

Bientôt ces idées imparfaites de la Divinité ne suffisent plus aux besoins de l'esprit humain; la progression de l'intelligence exige la perfectibilité des idées religieuses, et la philosophie, guidée par le sentiment qui domine l'humanité, et par la raison, découvre le vrai Dieu de la nature; elle le proclame par la voix de Socrate, et cherche à définir ses attributs par la brillante imagination de Platon.

Troisième preuve. — Mysticisme.

Ce sentiment, que Fénelon appelle aussi un besoin d'adorer l'Être suprême, s'exalte chez certains individus, lorsque les autres facultés intellectuelles ne sont pas assez puissantes pour résister à ses sollicitations. Lorsqu'il devient ainsi dominant, l'homme néglige tous ses devoirs sociaux pour se livrer exclusivement aux pratiques religieuses; oubliant que Dieu nous a créés pour remplir les vœux de la nature, et que c'est le servir que d'obéir à ses décrets, il se livre exclusivement à la vie dévote et tombe dans cet état qu'on a caractérisé par le nom d'*extase* ou *mysticisme*. Si vous joignez à cette disposition de l'âme la persécution du dogme particulier à la croyance que ces hommes ainsi organisés ont adoptée, il en résulte ces états d'irritation mentale qu'on peut appeler épidémies extatiques, qui se propagent de proche en proche comme une contagion, et qui attaquent tous ceux qui ont une prédisposition à l'exaltation de ce sentiment (1).

(1) Cet état d'exaltation mentale paraît avoir existé d'une manière permanente chez certaines sectes religieuses. Les an-

Ces épidémies ont été fréquentes dans tous les pays parmi les sectes religieuses. Bayle cite la secte des *Adamites*, qui, à l'imitation d'Adam, vivaient, comme le père du genre humain, dans un état complet de nudité, et qui condamnaient formellement le mariage. Ils s'assemblaient à des époques déterminées, quittaient hommes, femmes, ministres et laïcs, leurs habits, et se mettaient dans l'état de nature. C'est ainsi qu'ils célébraient les mystères de leur religion. Il ajoute qu'en 1535 on vit à Amsterdam des Adamites riches et de bonnes familles courir tout nus, et qu'il y en eut d'assez fanatiques pour monter sur des arbres où ils atten-

ciens prétendent que quelques Bramines, connus sous le nom de *Gymnosophistes*, vivaient dans un état continuel d'irritation mentale, qu'ils manifestaient par les pratiques et les superstitions les plus ridicules. Ils restaient continuellement couchés sur la terre, se tenaient perpétuellement sur un pied, fixaient le soleil depuis son lever jusqu'à son coucher, tenaient toute leur vie leurs bras levés, se regardaient sans cesse le bout du nez, et se croyaient comblés de la plus grande faveur céleste toutes les fois qu'il leur semblait y apercevoir une petite flamme bleue. Les Faquirs ont hérité des extravagances des anciens Bramines, et les Derviches de la Turquie se livrent encore aujourd'hui à des pratiques tellement ridicules lorsqu'elles ne révoltent pas la raison et l'humanité, qu'ils ne peuvent être excusés que par la philosophie qui observe et gémit.

daient que le pain leur tombât du ciel, jusqu'au moment où ils tombaient eux-mêmes à demi morts sur la terre.

La secte des *Picards*, vers le commencement du xve siècle, outra l'erreur des Adamites à l'égard de la nudité. On dit que, comme dans le système coopératif de M. Robert Owen, il n'y avait pas de mariages réglés : celui qui se sentait quelque inclination pour une femme de la secte, la prenait par la main et la menait au chef, auquel il disait : « Mon esprit s'est échauffé pour cette femme; » le chef leur répondait : « Allez, croissez et multipliez. » Cette secte immorale fut exterminée par le général Zisca.

On se rappelle aussi l'épidémie qui régna dans les Cévennes. De jeunes protestans, persécutés dans leur croyance, tombèrent dans un état d'exaltation convulsif, que la rigueur et l'intolérance ne firent que propager, et qui excita la sollicitude du gouvernement.

Mais la plus remarquable de toutes ces épidémies fut celle qui se manifesta vers la fin du règne de Louis xv : ceux qui en furent atteints reçurent le nom de *convultionnaires*. On peut voir dans l'Histoire de Paris par M. Dulaure, à quel état d'exaltation ces sectaires étaient parvenus; ils appelaient les tortures, demandaient des supplices comme un bienfait, et sollicitaient le martyre.

Il n'y a que les principes qui constituent l'homme moral qui soient susceptibles d'arriver à cet état d'irritation. Cette preuve, jointe à celles que nous avons indiquées, met hors de doute l'existence du sentiment religieux, qui est une des lois de notre nature morale.

SECTION PREMIÈRE.

Tous les cultes découlent de ce sentiment.

A l'exception du culte catholique, dont il ne nous est pas permis de rechercher l'origine toute divine, toutes les pratiques religieuses ne sont que la mise en action de ce besoin d'adorer un créateur. Nous le voyons revêtir successivement diverses formes, et suivre les progrès de la civilisation. Pour parler aux sens, il emprunte les symboles, il s'enveloppe dans les mystères d'Isis et d'Osiris, il crée des dieux qu'il revêt de formes physiques, et le peuple se prosterne aux pieds des idoles.

Mais ces pratiques grossières, qui suffisaient à l'intelligence bornée du vulgaire pour traduire et manifester ce sentiment, ne pouvaient pas satisfaire la partie éclairée des nations, qui dédaignait ces pratiques ou cachait sous ces emblèmes des croyances raisonnables. De là naquit la double doctrine : l'une, externe, publique et mystérieuse pour le peuple, qui ne cherchait qu'à satisfaire un besoin, sans s'inquiéter des voies, fut appelée *exotérique;* l'autre, interne, secrète et toute rationnelle, qui parlait à l'intelligence et à la raison, reçut le nom d'*ésotérique.*

La première s'enseignait ouvertement et à tout le monde; la deuxième était réservée pour un petit nombre de disciples choisis. Cette méthode venait originairement des Égyptiens. Hérodote, Diodore de Sicile, Strabon, Plutarque, affirment que les prêtres de l'Égypte avaient une double doctrine ; l'une secrète et sacrée, l'autre vulgaire. Les Mages de la Perse, les Druïdes des Gaules, les Brachmanes des Indes, admettaient aussi un culte interne et un culte externe. Tous les prêtres paraissent s'être servis, dans l'origine, de ces moyens pour éclairer les peuples et les diriger dans le sentier de la vertu ; car ce n'est que lorsque le sacerdoce a été devancé par la civilisation, lorsqu'il a vu l'autorité légitime exercée par lui sur les peuples prête à lui échapper, parce que les peuples sentaient qu'elle était inutile et même dangereuse, qu'il a voulu résister à la civilisation, s'opposer au progrès des lumières, pour ressaisir une puissance qu'il avait exercée pendant tant de siècles.

Les sectes philosophiques qui se formèrent dans l'Attique, et particulièrement l'institut de Pythagore, association qui avait un caractère moral et religieux ; l'école de Socrate et celle de Platon, où ces deux grands hommes enseignaient les vérités qu'ils avaient découvertes par l'étude et la méditation, et qui étaient au-dessus de l'intelligence du vulgaire, dûrent leur origine à ce besoin impérieux de connaître et d'aimer l'Être suprême, et au désir d'expliquer les mystères de la nature.

Plus tard, et lorsque les lumières avaient déjà pénétré dans les différentes parties du monde, lorsque déjà on reconnaissait l'unité de la Divinité, le sentiment religieux emprunta les formes de l'islamisme, qui ne fut qu'un grand débris de la religion de Moïse; Mahomet le façonna au besoin des peuples que son génie l'appelait à gouverner.

Mais le besoin d'une religion plus conforme aux progrès de la civilisation, besoin qu'avaient propagé les belles idées de Socrate et de Platon sur la Divinité, était devenu plus impérieux. La religion catholique, avec ses formes plus simples et sa morale toute divine, était venue le satisfaire et populariser ainsi la pensée sublime de la philosophie sur l'Être suprême ; elle lui prêta par le dogme une expression à l'aide de laquelle elle put être transmise aux masses, et comprise du vulgaire. C'est ainsi que la religion, en empruntant toujours des formes plus ou moins rationnelles, a suivi la civilisation dont elle a favorisé et hâté les progrès.

CHAPITRE VI.

Sociabilité.

Lorsqu'on examine attentivement la constitution de l'homme, ses qualités physiques et morales, il devient évident qu'il a été créé pour vivre en société. Hors de l'état social, c'est le plus faible des animaux; il ne naît pas armé comme ceux que la nature destine à vivre errans et vagabonds; il ne peut se préserver des attaques que par son intelligence; mais cette faculté lui donne l'empire sur tous les êtres créés, lorsqu'elle est cultivée par les relations qu'il a avec ses semblables. Si vous lui ôtez la sociabilité, vous lui arrachez son sceptre.

D'ailleurs, si l'homme n'était pas né pour vivre en société, pourquoi la nature lui aurait-elle accordé le don merveilleux de la parole, la faculté non moins précieuse de joindre et de comparer des idées entre elles, d'où naît la perfectibilité presqu'indéfinie de son esprit, la conscience ou sentiment du devoir, un toucher si délicat, une adresse si admirable, et un génie capable des découvertes les plus sublimes? L'état social est son véritable état de nature. C'est le seul où il peut mettre en action ses facultés et jouir de tous les avantages que lui procure la civilisation.

Réfutation des erreurs de J.-J. Rousseau sur
cette matière.

Un philosophe dont les écrits, malgré les erreurs nombreuses qu'ils renferment, ont cependant rendu de grands services à l'humanité, à qui des intentions louables et pures doivent faire pardonner beaucoup d'opinions paradoxales, J.-J. Rousseau, qu'un écrivain appelle spirituellement le romancier de l'état sauvage, loin de considérer la sociabilité comme une loi naturelle, a appelé état de nature l'isolement complet de l'homme, et il a soutenu son opinion avec toutes les ressources de son esprit.

Une constitution maladive, une incommodité grave qui l'affligea toute sa vie, avaient disposé son esprit à la misanthropie. Des torts vrais ou supposés de quelques écrivains contemporains l'avaient totalement éloigné du monde; et il prit trop facilement peut-être pour une loi de la nature, ce qui n'était qu'un calcul philosophique, qu'un résultat du caprice et du besoin de se singulariser.

Cette opinion fausse de J.-J. Rousseau a

été combattue par les écrivains les plus distingués. « C'est une erreur, dit M. J.-B. Say,
de représenter comme l'homme de la nature celui qui n'a pas su tirer parti de son
intelligence. Notre intelligence fait partie de
notre nature aussi bien qu'un bras robuste,
et l'homme qui grimpe sur un arbre faute
d'avoir su construire une échelle, a développé ses membres aux dépens de son esprit, c'est-à-dire une faculté grossière qu'il
possède en commun avec les brutes, aux
dépens d'une faculté élevée, immense dans
ses résultats, qui n'appartient qu'à lui seul
et qui le place à la tête de la création. »

A l'appui de l'opinion défendue par J.-J.
Rousseau on a cité l'exemple de quelques
hommes qui ont été trouvés dans les forêts
de l'Europe, vivant exactement comme des
animaux dans l'état de liberté; mais les physiologistes et les médecins observateurs ont
reconnu que ces prétendus sauvages étaient
de véritables idiots, qui, presque tous,
étaient attaqués d'hydrocéphales, et dont la
constitution était presque toujours scro-
fuleuse ou défectueuse.

Le sauvage de l'Aveyron, qui a été déposé à l'institution des Sourds-et-Muets, vient confirmer ces observations; il est, disent MM. Gall et Spurzheim, imbécile à un haut degré, son front est très-peu élargi par les côtés et très-déprimé par le haut, ses yeux sont petits et très-enfoncés, son cervelet est peu développé. « Nous n'avons pu, ajoutent ces physiologistes, nous convaincre qu'il eût le sens de l'ouïe, car on n'a pu devant nous le rendre attentif, ni en l'appelant, ni en faisant sonner un verre derrière ses oreilles. . . . . »

Les hommes, dans tous les temps, dans tous les pays, se sont réunis en société; il faut en conclure qu'ils ont été appelés par le Créateur à vivre dans l'état social. Toutes les fois qu'un effet est constant il faut nécessairement supposer une cause puissante et constante qui le détermine. Si les hommes n'avaient pas été appelés à vivre en société par la volonté de l'Être suprême, pense-t-on que le raisonnement seul aurait pu les conduire à se rassembler, tous sans exception, en société? Ce n'est pas par des motifs raisonnés que les corneilles, les oies, les abeilles, les fourmis, les chamois, etc., se rassemblent en troupe, ils obéissent à la nature qui leur a donné cet instinct particulier........

La *Sociabilité* est donc une loi impérieuse de notre nature. Isolé, l'homme est faible et timide ; réuni à ses semblables, ses facultés se développent, il s'empare de la nature, la plie à ses besoins, la façonne à ses jouissances. La société n'est pas pour lui un simple penchant, l'ordre de la nature n'est pas promulgué d'une manière équivoque ; c'est une nécessité à laquelle il ne peut pas se soustraire sans devenir le plus misérable des êtres.

Cette loi de la nature est féconde en résultats importans ; c'est de cette source que découlent presque toutes les institutions sociales.

SECTION PREMIÈRE.

La nature a établi entre les hommes des liens par leurs besoins mutuels.

Les Stoïciens pensaient que tout ce que la nature produit a été créé pour l'usage des hommes ; que les hommes eux-mêmes sont nés pour leurs semblables et doivent s'aider les uns les autres. Platon a écrit ces belles paroles : « Nous ne sommes pas nés pour nous seuls, nous appartenons à la patrie, à nos parens et à nos amis. Nous devons donc, en prenant la nature pour guide, nous servir les uns les autres par un échange de bons offices, et, par nos talens, nos travaux, notre fortune, resserrer les liens qui unissent les hommes dans l'état de société. »

L'existence de la société repose sur la communauté de droit qui n'est que la *justice*. La justice, ou, comme l'appelle Cicéron, le *droit*, est donc dans la nature, puisque c'est elle qui est la base de la société, et que la société est, comme nous l'avons prouvé, une nécessité pour l'homme.

De plus, la société repose sur le fondement d'un échange de secours et de bons offices. Dans l'état de civilisation nul homme ne peut se suffire à lui-même, il a besoin des secours et des services de ses concitoyens, qui de leur côté profitent de son industrie et de son intelligence. Les relations sociales s'établissent ainsi entre les hommes par leurs besoins mutuels, et elles se multiplient en raison directe du degré de civilisation.

L'utilité générale, règle suprême.

Dès que les hommes sont nés pour vivre en société, il en résulte qu'il est de leur devoir comme de leur intérêt de contribuer autant qu'ils le peuvent au maintien de l'état social; qu'ils doivent veiller sans cesse à ne rien faire qui puisse l'ébranler. Que l'*intérêt général* soit toujours le but de nos actions, c'est l'équité naturelle qui nous dicte cette règle, confirmée par l'*intérêt individuel* que guide la prudence; en effet, l'intérêt particulier et l'intérêt général se confondent : on ne peut violer le premier, sans porter atteinte au second. Nuire à autrui, c'est blesser la justice qui est la base de la société, et, puisque nous ne pouvons vivre heureux que dans l'état social, c'est nous nuire à nous-mêmes, c'est nous frapper de nos propres mains.

Je sais que l'intérêt individuel nous égare souvent, et que nous préférons un bien qui nous semble prochain et évident, à un bien éloigné qui ne peut réagir sur nous qu'en passant par la société, et je ne blâme pas toujours cette préférence que l'on est généralement porté à accorder à l'intérêt immédiat et individuel; mais il faut tâcher de se garantir des sophismes de l'égoïsme, qui est souvent mauvais conseiller, et mettre en pratique cette maxime que Térence place dans la bouche de Chrémès :

Homo sum : humani nihil a me alienum puto.

C'est de là qu'on voit découler, comme d'une source pure, tous les devoirs envers la société. Mais le Devoir, conséquence de l'obligation morale, n'est plus de notre ressort, il appartient au traité de la Morale.

SECTION II.

Les relations des hommes donnent naissance aux contrats.

Mais les rapports des hommes entre eux ne peuvent pas se borner à de simples relations de bienveillance. Leurs intérêts respectifs, qui se trouvent toujours en contact, deviennent nécessairement les principaux mobiles de leurs actions. L'amour propre leur dit tout bas à l'oreille : « Si tu te dépouilles en faveur d'autrui, que te restera-t-il pour soutenir ton existence et celle de ta fa-

mille? Donne, mais pour recevoir l'équivalent de ce que tu donnes; troque ce que tu
as de superflu contre ce qui t'est nécessaire.»
Ce conseil de l'amour de soi devient ainsi
l'origine de l'*échange*, qui est le prototype
de tous les *contrats*.

§ Ier. — *Des conventions ou des contrats.*

Dès que les hommes ont été rassemblés,
ils ont senti, comme nous l'avons vu, qu'il
était nécessaire qu'ils s'appuyassent les uns
sur les autres; qu'ils ne pouvaient pas trouver le bien-être en se concentrant dans leurs
familles, mais en changeant ce qui leur man-
quait contre ce qu'ils avaient de superflu.
De là naquirent toutes les conventions, qui,
simples dans leur origine comme les hommes
qui contractaient, sont devenues extrême-
ment compliquées par les progrès de la civilisation.

Les jurisconsultes ont défini la *convention*
un accord entre deux ou plusieurs personnes
sur un même sujet.

Lorsque cet accord est revêtu des formes
que le législateur indique, il prend le nom
de *contrat*. Notre loi civile définit le contrat

une convention par laquelle une ou plusieurs personnes s'obligent, envers une ou plusieurs autres, à donner, à faire ou à ne pas faire quelque chose.

Conditions nécessaires pour rendre les contrats obligatoires. — La condition la plus nécessaire pour rendre les contrats obligatoires, c'est le consentement libre des parties ; la convention est viciée dans son essence, si le consentement a été extorqué par la violence physique ou morale, ou surpris par ruse ou par dol.

Pour consentir valablement, il faut avoir l'usage de la raison, et être capable d'apprécier ce que l'on fait ; ainsi l'enfant, l'imbécile, l'insensé, ne peuvent donner un consentement valable.

L'erreur est aussi une cause de nullité de la convention, lorsqu'elle tombe sur la substance même de la chose qui en est l'objet.

Enfin l'ivresse, lorsqu'elle est portée jusqu'à enlever entièrement l'usage de la raison, est aussi une cause de nullité de la convention, puisque le consentement n'est plus la détermination libre d'un homme qui apprécie les conséquences de son action.

Il faut de plus que la convention ait pour objet une chose moralement et physiquement possible.

On considère comme moralement impossible l'obligation de faire une chose illicite.

§ II. — *Division des contrats.*

Les contrats ont reçu différentes dénominations, suivant la nature des conventions qu'ils renferment.

On les a divisés principalement en *contrats onéreux* et en *contrats de bienfaisance.*

Le *contrat onéreux* est celui qui assujétit chacune des parties à donner ou à faire quelque chose.

L'*échange* est le premier des contrats onéreux. C'est, comme nous l'avons dit, le type de tous les autres. En effet, la *vente* n'est que l'échange d'un objet déterminé contre une certaine quantité de monnaie ; le *bail à loyer*, l'échange de la jouissance d'un corps certain contre une prestation périodique ; le *bail d'ouvrage*, l'échange de services contre un prix déterminé. Il en est de même de tous les autres contrats onéreux qui peuvent être ramenés à ce prototype.

Le contrat de bienfaisance est celui où l'une des parties procure à l'autre un avantage purement gratuit. Les actes qui contiennent *donation*, le *mandat gratuit*, l'*acceptation d'un dépôt*, etc., sont des contrats de bienfaisance.

Lorsque les contractans s'obligent réciproquement les uns envers les autres, le contrat reçoit le nom de *synallagmatique* ou *bilatéral*.

Lorsqu'une ou plusieurs personnes sont obligées envers une ou plusieurs autres, sans que, de la part de ces derniers, il y ait d'engagement, le contrat est appelé *unilatéral*.

Si chacune des parties s'engage à donner ou à faire une chose qui puisse être regardée comme l'équivalent de ce qu'on lui donne, ou de ce qu'on fait pour elle, le contrat reçoit le nom de *commutatif*.

Enfin si l'équivalent consiste dans la chance de gain ou de perte pour chacune des parties, d'après un événement incertain, le contrat est *aléatoire*.

Nous n'entrerons pas dans les subdivisions des contrats, qui appartiennent plus particulièrement au Droit civil. Il nous suffira d'avoir rappelé ces divisions principales.

SECTION III.

Des engagemens qui se forment sans conventions, ou des quasi-contrats.

Il existe aussi des engagemens qui se forment sans qu'il intervienne aucune convention de la part des parties contractantes; dans ce cas c'est l'équité naturelle qui produit l'obligation; c'est pour cela qu'on les a appelés *quasi-contrats*, parce que sans être des contrats, ils produisent des obligations équipollentes.

Notre loi civile définit les quasi-contrats des faits purement volontaires de l'homme, d'où il résulte un engagement quelconque envers un tiers, et, quelquefois, un engagement réciproque des deux parties.

On distingue plusieurs sortes de quasi-contrats. La *gestion d'affaires* est un quasi-contrat, lorsque quelqu'un se charge des affaires d'un autre, sans avoir reçu d'ordre et de son propre mouvement, dans la vue de l'obliger et de lui rendre service. L'équité commande au gérant d'apporter à l'affaire les soins d'un bon père de famille, et le rend responsable du dommage qui résulterait de son impéritie ou de sa négligence.

Condictio indebiti, le paiement d'une chose non due : c'est le quasi-contrat qui se forme entre celui qui a payé par erreur une chose qu'il ne devait pas, et celui qui reçoit cette somme ; le premier a action contre l'autre pour répéter ce qu'il lui a payé.

Enfin l'*adition d'hérédité* ou acceptation d'une succession est aussi une espèce de quasi-contrat. L'héritier s'engage par là envers les créanciers au paiement de ce qui leur était dû par le défunt.

Il y a une différence essentielle entre les contrats et les quasi-contrats : le consentement étant de l'essence des contrats, il est indispensable pour contracter d'être capable de consentir valablement. Mais il en est autrement dans les engagemens de la nature des quasi-contrats : ceux-là même qui ne peuvent consentir, parce qu'ils n'ont pas l'usage de la raison, comme les enfans, les insensés, peuvent être obligés en vertu d'un quasi-contrat, ou peuvent obliger les autres envers eux, parce que ce n'est pas le consentement qui forme ces obligations ;

elles sont la conséquence d'un fait, et non le résultat d'une convention.

SECTION IV.

Transformation de la possession en droit de propriété.

Hors de l'état social, la loi naturelle nous accorderait le droit de nous emparer de toutes les choses qui seraient nécessaires à notre conservation et à notre bonheur, et qui ne seraient pas possédées par d'autres hommes. En effet, puisque dans l'état de communauté négative la *propriété* se confond avec la *possession*, ou plutôt, puisqu'il n'existe pas de propriété dans le sens que nous attachons à ce mot, tout objet non possédé retombe dans la communauté, et devient la chose du premier occupant. Toutefois il n'acquiert de droit sur cette chose que tant qu'il la possède lui-même. Cet état de communauté négative a pu subsister tant que les hommes, encore peu multipliés sur la surface de la terre, ont trouvé abondamment, en raison même de leur petit nombre, les moyens de satisfaire leurs besoins;

mais lorsque l'espèce humaine se fut accrue, dès que les hommes eurent senti la nécessité de cultiver la terre, d'avoir des troupeaux, des habitations plus commodes, il devint nécessaire d'établir un droit à ces choses indépendant de la possession. Dès cet instant, et par une convention tacite du genre humain, fondée sur l'intérêt de chacun, tout objet possédé devint la propriété du détenteur.

La *propriété* est donc un droit en vertu duquel un fond ou la substance d'une chose appartient à quelqu'un, de telle sorte qu'aucune autre personne ne peut justifier d'un droit semblable sur ce même objet.

Dans l'état social, la propriété est le seul moyen de se procurer les nécessités de la vie, c'est l'unique voie pour parvenir à ce bien-être vers lequel la nature humaine tend incessamment. C'est un droit sacré auquel on ne peut porter atteinte sans attaquer le citoyen dans son existence. La propriété est aussi le lien le plus durable de la société, le nœud puissant qui unit les gouvernés aux gouvernans, la base de l'aisance et du bien-être des citoyens.

De là il résulte que la propriété ou le domaine est le droit d'user et d'abuser de sa chose de la manière la plus absolue, pourvu qu'on n'en fasse pas un usage contraire aux lois et à la morale. Il en résulte encore que nul ne peut être dépouillé de sa propriété, même pour cause d'utilité publique, parce que l'intérêt public ne peut jamais justifier la spoliation; que si l'utilité publique exige impérieusement le sacrifice d'une propriété, le citoyen qu'on prive de son domaine ou de son droit doit être préalablement indemnisé. Encore faut-il que ces actes d'autorité soient exercés avec circonspection, et seulement lorsque l'intérêt public est évident et bien constaté.

L'occupation, ainsi que nous l'avons établi, fut donc la manière primitive d'acquérir la propriété, et la prise de possession par droit de premier occupant est encore aujourd'hui une manière d'acquérir les objets qui n'ont pas de maîtres. C'est ainsi qu'on acquiert les animaux qui vivent dans l'état de liberté naturelle, les poissons, les coquillages, les terres qui n'ont pas de propriétaire; dans ce cas, la prise de possession rend propriétaire, depuis que le *droit de possession* primitive a été transformé en *droit de propriété*, par le consentement tacite du genre humain.

§ Ier. — *Manières dérivatives d'acquérir la propriété.*

Nous distinguerons trois espèces d'acquisitions dérivées : celle qui est le résultat d'une volonté exprimée, celle qui est la conséquence d'une volonté présumée, celle qui est la suite d'une volonté légalement contrainte.

N° I. — *Acquisition par volonté expresse.*

Dès que la propriété eut été considérée comme un droit sacré, essentiellement lié à l'état social, et que tous les objets nécessaires aux besoins de la vie eurent été répartis, quoique dans des proportions fort différentes, entre tous les membres de la société, pour acquérir, il fallut nécessairement qu'un autre fût d'abord dépouillé ; et comme l'intérêt commun, qui n'est que la justice, exigeait qu'on ne pût ravir à un individu un droit qui lui appartenait, il en est résulté que pour acquérir un domaine ou un droit quelconque appartenant à un autre, il fallut qu'il consentît à s'en dessaisir en notre faveur, et qu'il nous le transférât spontanément.

L'*échange*, la *vente*, la *donation entre-vifs* ou à *cause de mort*, sont les principales manières d'acquérir la propriété par consentement exprès.

N° II. — *Acquisition par volonté présumée.*

Mais l'homme ne peut pas toujours exprimer sa volonté; être essentiellement éphémère, la mort vient souvent le frapper au milieu du rêve de la vie, avant qu'il ait songé à disposer de ses biens; l'intérêt social exige cependant que la transmission des biens qu'il possédait soit réglée de manière à ne pas exciter de contestations ni d'interruptions dans la jouissance.

Succession. — De là, le droit de *succession* qui a été réglé par la loi civile; elle supplée au silence du mourant, et dispose de ses biens de la manière qu'elle suppose qu'il en aurait lui-même disposé; elle appelle ses parens à succéder aux biens qu'il laisse, suivant le degré d'affection qu'il devait naturellement avoir pour eux.

Ainsi, les enfans sont appelés les premiers à la succession de leurs père et mère, ils sont en quelque sorte la continuation de leur personne, ils excluent généralement tous les autres. Les ascendans, les frères et sœurs, ont ensuite les droits les plus légitimes aux biens laissés par le défunt. Enfin, les autres parens collatéraux, en raison du degré où ils se trouvent placés, sont appelés par la loi à recueillir la succession de leur parent décédé.

L'ordre de successibilité et la division de l'hérédité entre les héritiers appartiennent au Droit civil.

Prescription. — La *prescription* est aussi un mode dérivatif d'acquérir la propriété, par volonté présumée. Elle est fondée sur l'intérêt social, qui ne permet pas que les biens, qui sont la source des richesses et de la stabilité de l'État, restent trop long-temps incertains.

La loi présume que celui qui néglige sa propriété pendant un temps prolongé, a voulu y renoncer. Elle l'en dépouille pour le punir de sa négligence, et elle en saisit celui qui est en possession, et qui a donné à cette chose des soins assidus pendant un grand nombre d'années. C'est une espèce d'occupation que la loi légitime dans l'état social. On peut dire que c'est à juste titre qu'elle a été appelée la patronne du genre humain. Sans elle, toutes les propriétés seraient incertaines, puisqu'il faudrait toujours justifier d'un titre primordial ou d'une possession primitive.

La prescription à l'effet de se libérer a les mêmes motifs que la prescription à l'effet d'acquérir : l'intérêt social et la présomption d'une libération antérieure, dont le titre probant est égaré.

Nº III. — *Acquisition par volonté légalement contrainte.*

Enfin, il y a une troisième manière dérivative d'acquérir la propriété : c'est lorsqu'un débiteur refusant de payer ce qu'il doit, ses créanciers saisissent et vendent ses biens, pour être payés sur le prix de la vente ; ceux qui achètent deviennent légitimement propriétaires, quoiqu'ils n'aient pas le consentement du maître de la chose ; la loi les investit et supplée à ce consentement. De même à la guerre, on devient maître de ce qu'on prend à l'ennemi, par droit d'occupation et par le droit de la guerre.

SECTION V.

La sociabilité modifie le droit indéfini de l'homme à la liberté.

La *liberté*, en général, est le droit de faire tout ce que l'on veut, de n'être astreint qu'au joug de la raison, de n'être borné dans ses actions que par son intérêt personnel ou par l'impossibilité d'agir; mais cette indépendance absolue qui serait celle de l'homme hors de la société, le citoyen ne peut pas la revendiquer. En se mettant sous l'égide de l'organisation sociale, ou, ce qui est la même chose, en continuant de vivre en société, il consent à faire tous les sacrifices qui sont indispensables au maintien de l'état social; il aliène donc une partie de sa liberté naturelle, pour jouir des avantages que lui offre la société, pour acquérir la sûreté de sa personne, celle des biens qu'il possède, et l'exercice plus libre de la portion d'indépendance qu'il conserve.

Dès lors la liberté du citoyen ne consiste plus que dans le droit de faire ce qu'il doit vouloir, et de ne pouvoir être contraint do faire ce qu'il ne doit pas vouloir.

La liberté dans la cité est donc le droit de faire ce que les lois permettent. Si les citoyens n'obéissaient pas aux lois, il n'y aurait plus de liberté, elle serait remplacée par la force et la violence.

§ Ier. — *De la portion de liberté que le citoyen aliène, et de celle qu'il conserve.*

Mais la société, qui n'est que la réunion des intérêts de tous les membres qui la composent, n'a pas le droit, et ne saurait avoir de véritable intérêt d'exiger que chaque citoyen fît une entière abnégation de sa personne, et lui conférât des droits indéfinis sur sa liberté. Le citoyen n'est tenu qu'au sacrifice de la partie de liberté qui est essentielle au maintien de la chose publique. Lorsque ceux qui se prétendent, à tort ou à raison, représentans légitimes d'une nation, attaquent les citoyens dans leur liberté légale, ils déchirent le pacte social, et s'exposent à voir méconnaître leur autorité. L'intérêt général, voilà le but que doit se proposer tout bon gouvernement; et, comme l'intérêt général n'est que la réunion des intérêts particuliers, c'est en respectant les droits de cha-

cun que l'on peut parvenir au bien-être général.

Chaque membre de la société a donc droit
à toute la liberté que la forme du gouvernement où il vit, et l'état de civilisation de la
société, permettent de lui accorder. Restrein-
dre arbitrairement sa liberté, c'est le priver
d'une faculté précieuse, c'est lui ravir une de
ses plus nobles jouissances, c'est porter atteinte à ses droits, et méconnaître le but de
l'organisation sociale.

§ II.— *Il renonce au droit de se faire justice à*
lui-même, et le délègue.

De tous les droits que nous a donnés la
nature, le plus légitime, le plus sacré, est,
sans contredit, le droit de la propre défense, et le droit d'exiger la réparation du
tort qui résulte pour nous d'une action blâmable de la part d'autrui. Mais le droit de
se faire justice à soi-même, qui appartient
incontestablement à chacun hors de la société, serait une source journalière d'abus,
une cause fréquente de désordres dans la

cité; et l'iniquité et la violence triompheraient presque toujours de la justice et de la raison.

Chaque citoyen, pour obtenir la protection de la loi, et pour être parfaitement libre dans ses actions, doit donc renoncer à ce droit naturel, s'en dépouiller pour en investir la société. Mais comme le corps collectif, appelé état, ne peut pas par lui-même rendre la justice aux citoyens, il délègue ce droit important, à des magistrats dont la réunion forme le *pouvoir judiciaire.*

Le *magistrat,* à qui la société confie la balance et le glaive de la justice, doit mériter, par son savoir et son intégrité, la confiance du souverain et des sujets; il doit surtout être indépendant et hors de la sphère dangereuse de la cour. L'inamovibilité est la première condition de cette indépendance. Il faut qu'il ne puisse être arbitrairement changé de résidence, qu'il ne doive ses honneurs et ses grades qu'à son savoir et à son ancienneté. Toute faveur accordée au magistrat, lorsqu'elle n'est pas le prix de la vertu et qu'elle n'est pas sanctionnée par les sujets, est une injure et une atteinte portée à son indépendance et à la confiance qu'il mérite.

Ce droit ainsi délégué, il s'ensuit que chaque membre de la cité n'est plus jugé dans sa propre cause. Il doit, dans toutes les circonstances où il est attaqué dans sa personne ou dans ses biens, s'adresser au magistrat qui venge les injures qui lui sont faites.

Il n'y a qu'une exception à ce principe général; c'est lorsque le citoyen est menacé dans sa vie, lorsqu'il éprouve une violence personnelle et qu'il ne peut obtenir le secours de la société. Il rentre alors dans le droit de propre défense que lui a donné la nature, et peut repousser la violence par la force.

§ III. — *État social.*

C'est l'intérêt du genre humain qui a été la cause et l'origine de l'organisation sociale, c'est également l'intérêt de tous qui maintient ces agrégations d'hommes, que l'on nomme *nation* ou *peuple*.

La société, ou ceux qui la représentent, ne peuvent et ne doivent avoir pour but que le bien-être de tous; et comme la cité ne peut avoir de meilleurs juges de son intérêt qu'elle même, le peuple ou la masse des citoyens doit concourir à exercer, collectivement le pouvoir souverain ou législatif.

Mais le peuple qui, soit directement, soit indirectement par les mandataires qu'il a choisis, peut facilement exercer la puissance législative qui ne consiste que dans des actes isolés, ne saurait concourir à l'exécution de sa volonté qu'il a manifestée par des lois, parce que cette exécution exige une surveillance de tous les instans, un pouvoir toujours agissant, qui ne peut être mis en action que par un être simple et des agens qui fassent agir la force publique selon les directions de la volonté générale.

Ces agens constituent le gouvernement ou pouvoir exécutif. Le gouvernement est donc l'exercice légitime de la puissance exécutive.

Lorsque les peuples sont assez heureux pour jouir d'un bon gouvernement; que les hommes à qui est confié le pouvoir exécutif ne s'en servent pas comme d'une arme offensive pour attaquer et enchaîner les libertés publiques; lorsqu'ils se bornent à diriger les volontés du peuple en l'éclairant sur ses véritables intérêts, sans jamais les violenter, les lois deviennent alors l'expression vraie des besoins généraux, et la cité prospère par les rapports de confiance et d'amour qui s'établissent entre le peuple et le gouvernement.

Mais lorsque la puissance exécutive a été usurpée, ou qu'elle s'est égarée en des mains indignes de l'exercer, que les vœux nationaux sont éludés, que les décrets du gouvernement sont tous offensifs et maintenus par la crainte et la violence, la prospérité des états disparaît, le peuple, découragé, aigri contre ses chefs, n'obéit plus qu'à regret aux ordres d'un gouvernement oppressif; il hâte sa chute de ses vœux, quelquefois même il l'ébranle et le terrasse de sa main puissante.

Division générale des lois.

Les lois positives, dont la confection appartient au peuple en masse, ou plutôt à ses représentans assistés du concours et des lumières du pouvoir exécutif, reçoivent différentes dénominations, suivant les objets auxquels elles s'appliquent, et les rapports qu'elles déterminent. Si on les considère dans les rapports de ceux qui gouvernent avec ceux qui sont gouvernés, on les nomme *lois politiques*. — Si elles ont pour but de régler les rapports des citoyens entre eux, on les appelle *lois civiles, lois commerciales, lois industrielles*, etc. — Si elles règlent les rapports des administrateurs et des administrés, elles prennent le nom de *lois administratives*. — Les *lois répressives* arrêtent et punissent les délits et les crimes ; elles comprennent les *lois de police*, les *lois correctionnelles* et *criminelles*. — On peut désigner sous la dénomination de *lois exceptionnelles*, celles qui ne s'appliquent qu'à certaines classes de la société, telles que les militaires, les marins, etc. — Enfin il y a des lois qui déterminent les formes à suivre pour éclairer le magistrat : ce sont les *lois d'instruction ;* elles varient pour chacune des divisions précédentes.

Les divisions que nous venons de présenter n'ont d'autre but que de donner une idée de l'ensemble des sciences législatives : la classification des lois, chez les différens peuples, et dans les écrits des publicistes, offre des variétés sans nombre.

§ IV. — *Devoirs du citoyen.*

Ce serait sortir du cadre de cet ouvrage, que de traiter avec détail des devoirs du citoyen ; nous nous bornerons à quelques réflexions générales.

Lorsque le gouvernement est bon, les sujets lui doivent obéissance entière. L'opposition que l'on peut manifester à ses actes doit être filiale, n'avoir d'autre objet que de redresser les abus qui peuvent s'introduire, et de rappeler sans cesse au pouvoir que le peuple est son contrôleur légitime.

Si le gouvernement est mauvais, il faut encore lui obéir, si l'on craint que la résistance n'amène une longue anarchie qui est pire que le plus mauvais gouvernement et qui conduit toujours au despotisme.

Mais si le gouvernement se déclare ennemi des sujets, s'il les opprime et les violente en toutes circonstances, le peuple peut recourir à la force pour lui résister.

L'état social étant le seul où l'homme peut

parvenir au bien-être, le citoyen doit contribuer de sa personne et de ses richesses
au maintien de la chose publique ; être toujours prêt à répondre à la voix de la patrie
qui l'appelle à sa défense, qui l'invite à remplir une charge publique, ou à participer à
la confection des lois.

§ V. — *Droits du citoyen.*

Les droits du citoyen peuvent se réduire
à un seul, la liberté.

En effet, la liberté consiste à pouvoir se
transporter spontanément d'un lieu à un autre sans gêne ni contrainte;

A pouvoir disposer à son gré de sa personne, de son temps, de son travail ;

A ne pouvoir être arrêté et détenu que
sur un ordre du magistrat; et si l'arrestation a été injuste, la cité doit payer au citoyen blessé par cette arrestation, une in-
demnité proportionnée au préjudice qu'il a
souffert;

A ne pouvoir être exilé de son pays, et à
ne subir aucune peine que par jugement et
en vertu des lois de l'état;

A ne pouvoir être inquiété dans la propriété de ses biens, ni gêné lorsqu'il veut en disposer, sauf les lois relatives à la capacité des personnes et celles relatives aux successions ;

A pouvoir dire en public tout ce qu'il juge convenable, pourvu que ses paroles et ses écrits ne tendent pas à bouleverser la cité.

Les circonstances graves dans lesquelles les meilleurs gouvernemens se trouvent quelquefois placés, peuvent seules légitimer les lois restrictives de la liberté individuelle. Mais ces lois ne doivent pas durer plus longtemps que les causes qui les ont rendues nécessaires.

CHAPITRE VII.

De l'autorité et de la sanction des lois naturelles.

L'autorité des lois naturelles est évidente, puisque, comme nous l'avons plusieurs fois remarqué, ces lois s'identifient à notre être, que nous ne pouvons nous soustraire à leur influence, et qu'en y résistant, nous sommes inévitablement conduits au malheur.

Cependant on a prétendu nier l'autorité

des lois de la nature, en disant qu'elles manquaient d'une sanction complète, ce qui est le véritable cachet du pouvoir. Mais il est facile de démontrer qu'elles ont une *sanction suffisante*. L'homme est poussé par la nature vers le bonheur, et y parvient en se conformant strictement aux lois de son organisation; s'il les viole, la douleur, le regret, le malheur, viennent le faire repentir de les avoir transgressées. Une vie qui doit être paisible, se change en une existence tumultueuse et agitée. Les souffrances physiques l'assiégent, le cuisant remords, dont les atteintes sont plus douloureuses et plus durables que les angoisses corporelles, vient déchirer son cœur. Heureux souvent lorsque par la perturbation de son âme, son esprit égaré perd le souvenir de ses actions condamnables!

Au contraire, la vertu, qui est une impulsion de la nature, mais qui peut être aussi un calcul de l'intérêt, est la meilleure et la plus parfaite affection de l'âme : elle conduit presque toujours au bonheur. L'homme sage, qui sait gouverner ses passions, évite par sa prudence les écueils où va se heurter l'insensé, et lors même qu'il ne peut fuir les maux qui le menacent, la sécurité de sa conscience, la satisfaction, l'estime de soi-même et la sagesse, lui donnent une force d'âme capable de diminuer beaucoup les impressions du malheur.

Démocrite pensait que la santé du corps et le repos de l'âme constituaient le souverain bien ; et Épicure, que le bonheur, qui est la fin de la vie, l'aveu secret du cœur et le terme des actions même qui s'en éloignent, ne s'acquérait que par l'exercice de la raison et la pratique de la vertu. Il n'est pas de méchant heureux, disaient les anciens ; le vice, par cela seul qu'il est vice, trouble l'âme et ronge le cœur où il habite. La crainte du déshonneur, de la punition, de la douleur, l'agite et l'éveille au milieu de son repos. Quelle triste perspective pour le méchant ! elle devrait le décourager.

Les peines et les plaisirs physiques et intellectuels forment donc un des élémens de la sanction des lois naturelles.

Toutefois il faut reconnaître que la nature dispense souvent ses biens d'une manière fort inégale parmi les hommes. Ses faveurs sont souvent aveugles. Elle refuse les dons de la fortune et de l'esprit aux uns et en accable certains autres; et s'il y a des hommes qui paraissent nés pour être heureux, il en est d'autres qui semblent n'avoir reçu l'existence que pour servir d'exemple à leurs concitoyens et les convaincre que la sottise, l'ignorance et le déréglement des mœurs, précipitent inévitablement l'homme dans une vallée de misère.

Quelquefois aussi le bonheur ne semble pas proportionné au mérite et à la vertu. Une certaine fatalité s'attache à quelques hommes, et la prudence ne les garantit pas des revers de la fortune et de ce que nous regardons ordinairement comme des malheurs. Toutefois il faut reconnaître que ces exemples sont rares, et que nous sommes le plus souvent les artisans de nos propres infortunes.

Mais lorsque l'aveugle fatalité frappe ainsi le sage, il trouve la force de supporter ses infortunes dans la fermeté d'âme que lui inspire la vertu, sa récompense dans l'éloge de son cœur et dans l'estime de ses concitoyens, qui, lorsqu'ils ne sont pas aveuglés par d'absurdes préjugés, ou séduits par l'intérêt, environnent de leurs respects la vertu malheureuse.

D'ailleurs, si le chagrin est excessif, il n'est pas durable, puisque la mort vient bientôt mettre un terme à nos souffrances; s'il est supportable et passager, le temps efface rapidement les impressions douloureuses: il ne reste à l'infortuné qu'un souvenir mélancolique de ses chagrins, et ce souvenir a pour lui des charmes; il éprouve une jouissance amère, mais profonde, lorsque sa mémoire lui retrace les malheurs qui l'ont affligé. En comparant sa situation présente à celle où il fut si malheureux, il goûte un bonheur relatif, qui est rehaussé par la sérénité de sa conscience et la sécurité de son âme.

D'autre part, les lois humaines, qui ne sont que la mise en action du sentiment du juste et de l'injuste, qui est gravé dans le cœur de tous les hommes, et que sous ce rapport on peut considérer comme inspirées par la nature, viennent prêter assistance aux lois naturelles et former un nouvel élément de leur sanction. La société venge aussi par ses mépris les actions honteuses qui ne sont pas atteintes par les lois positives.

Mais pourquoi renoncerions-nous à faire valoir une espèce de sanction bien plus complète, bien plus redoutable que celles que nous avons indiquées? L'espoir flatteur d'une autre vie n'est-il pas un des plus grands encouragemens de la sagesse et de la vertu? Mourrons-nous tout entier? L'âme n'est-elle que l'harmonie des fonctions vitales? n'est-ce pas plutôt, comme l'ont pensé les Stoïciens, une particule de Dieu, une petite portion qui a été pour ainsi dire détachée de l'âme universelle qui est la source féconde de toutes les âmes? Quoi, Socrate, Newton, Descartes, Bossuet, étaient des êtres composés de parties purement matérielles? Quoi, il faut renoncer à la douce espérance de revoir un fils, un père, un ami, une épouse; d'éclaircir un jour l'énigme de la vie? Ces idées sont arides et accablantes, et j'aime mieux m'écrier avec le vieux Caton : «Si je me trompe quand je crois que les âmes sont immortelles, c'est une erreur qui me plaît, je ne veux pas qu'on me l'arrache tandis que je suis vivant; et si, comme le veulent quelques philosophes, je n'ai plus de sentiment après ma mort, je ne craindrai pas que les autres philosophes morts viennent me railler de ma crédulité. »

L'espérance des récompenses dues à la vertu et la crainte des peines méritées par le vice, dans une autre vie, forment la sanction la plus complète et la plus redoutable des lois de la nature. C'est là, sans doute, que la Providence daignera justifier ses vues de la manière la moins équivoque, et confondre notre audacieuse ignorance.

DROIT DES GENS.

~~~~~~

CHAPITRE UNIQUE.

Principes généraux.

LE *droit des gens* est la loi politique des nations dans les rapports qu'elles ont les unes avec les autres.

Les individus qui composent une nation ont un supérieur commun et légitime, qu'on appelle *pouvoir souverain*, qui peut leur dicter des lois et leur prescrire des règles obligatoires. Les peuples considérés comme êtres moraux et collectifs, gouvernés par des souverains indépendans l'un de l'autre, ne reconnaissent pas de supérieur commun; et cependant il est nécessaire de régler les relations qu'ils ont entre eux, d'après des principes reconnus et respectés par toutes les nations. Le droit naturel étant essentiellement lié à la nature humaine, gouverne

DROIT NATUREL.   12
~~~~~~

les peuples comme les individus, et peut
donc servir de loi commune aux nations.
Aussi Hobbes remarque-t-il avec justesse
que la loi naturelle se divise en loi naturelle
de l'homme, et en loi naturelle des états. Le
droit naturel, appliqué aux relations des nations entre elles, a reçu le nom de *droit des
gens primaire* ou loi primitive des nations.

Il existe une autre espèce de droit des gens
qu'on peut appeler *positif* et *secondaire*, c'est
celui qui résulte des traités ou conventions
écrites que les nations font entre elles, ou qui
est fondé sur les usages généralement observés entre les divers états.

*Il découle de la sociabilité et du désir de la con-
servation de l'être moral.*

Le principe de sociabilité qui est inhérent
a la nature humaine, ayant conduit irrésistiblement les hommes à se réunir en société,
il en est résulté l'être collectif qu'on appelle
nation. Considéré abstractivement, tout peuple a une volonté, des besoins et des passions
comme les individus qui le composent. Cette
collection d'hommes est également pénétrée
du désir de sa conservation et recherche

toutes les voies qui peuvent la conduire au bien-être. Le vœu général doit se confondre avec les vœux particuliers, puisque tout choc qui ébranle l'état ou nuit à la prospérité de tous, réagit infailliblement sur chaque individu, qui, étant membre du corps social, souffre nécessairement de toutes les atteintes qu'on lui porte.

La prospérité de la nation est donc la condition essentielle de la prospérité des individus. Repoussons donc toujours avec indignation les lâches conseils de l'aveugle égoïsme. Gardons-nous de croire que nous puissions être heureux au milieu de nos concitoyens en larmes ; que la satisfaction intérieure que peut nous inspirer notre prospérité puisse être augmentée par le tableau animé des infortunes qui nous entoureraient. Gardons-nous de penser que la prudence nous fait un devoir de nous taire, lorsqu'une main tyrannique frappe un de nos concitoyens et nous épargne encore. Les malheurs de la cité ne peuvent manquer de nous atteindre bientôt, et le coup qui terrasse notre voisin tombera demain sur notre tête. Citoyens, nous sommes tous solidaires les uns des autres, notre intérêt commun nous fait un devoir de repousser l'injustice sous quelque forme qu'elle se présente, de résister avec énergie aux attaques des factions qui voudraient s'emparer des rênes de l'état pour nous asservir, de résister aux gouvernemens oppresseurs ; mais aussi de favoriser, de protéger, de servir avec efficacité tout gouvernement bon et paternel qui, en assurant nos propriétés, nos vies, nos libertés contre de téméraires agressions, peut seul nous procurer la paix et la jouissance paisible des biens de la vie, que nous considérons à juste titre comme des élémens de notre bonheur.

SECTION PREMIÈRE.

Des devoirs et des droits des nations.

§ Ier. — *Droits et devoirs généraux.*

La bienveillance que l'intérêt personnel, éclairé par la raison et l'expérience, commande aux hommes dans leurs relations individuelles, est également prescrite aux nations dans leurs rapports. Elles se doivent donc protection et amitié comme les hommes entre eux. Il est de leur intérêt et de leur

devoir de ne jamais souffrir que l'injustice
et la violence triomphent, parce que l'injustice et la violence sont les plus grands ennemis de la prospérité nationale. Si donc
une nation est attaquée injustement, ses
voisins lui doivent assistance, lorsqu'ils peuvent la protéger sans compromettre leur
existence; car le secours qu'elle réclame
aujourd'hui, vous serez peut-être obligé de
l'implorer demain. Il est donc nécessaire de
faire prévaloir cet esprit d'assistance mutuelle, qui concilie l'intérêt individuel avec
les devoirs de l'humanité. Si un peuple est
affligé par la famine, on doit lui livrer, à des
prix raisonnables, les denrées nécessaires
à son existence; si la peste l'assiége, toute
nation lui doit le tribut de ses connaissances, et, tout en cherchant à préserver ses
propres sujets de ce fléau redoutable, par
les moyens les plus efficaces, offrir aux malheureux qui en sont atteints tous les secours
de la science. Nous avons vu naguère d'in-
trépides médecins français s'exposer avec
héroïsme aux plus grands dangers pour secourir les malheureux Catalans, victimes de
ce terrible fléau; ils ont bien mérité de l'hu-

manité, et l'histoire citera leurs noms avec éloge. Tout peuple éclairé doit également contribuer, autant que possible, à la propagation des lumières et aux progrès des sciences chez les nations voisines, parce que, comme nous l'avons prouvé, l'ignorance et la barbarie sont les plus grands ennemis des hommes. Enfin, la justice étant la base de la société, elle est plus nécessaire encore entre les nations qu'entre les particuliers, parce que l'injustice a des suites plus funestes entre les nations et que sans justice il n'est pas de prospérité nationale.

§ II. — *Droits spéciaux.*

Le désir de la conservation étant une loi naturelle nationale, toute nation doit veiller à ce que les choses nécessaires à son existence, à sa tranquillité, à sa prospérité, ne lui manquent pas; elle a donc le droit de se procurer tous les objets nécessaires à sa vie morale, de chercher les moyens de se mettre à l'abri des dangers qui la menacent, de les conjurer et de les détourner.

Article Ier. — *Du domaine.*

Le genre humain s'étant accru, et les agrégations sociales s'étendant chaque jour davantage, il devint nécessaire que chaque peuple se fixât en quelque endroit, et prît possession du territoire qu'il voulait occuper. La multiplication rapide de l'espèce humaine ayant rendu nécessaire la culture des terres, la possession se convertit, comme nous l'avons vu, en droit de propriété, par l'assentiment de tous les hommes.

Le pays qu'une nation habite est donc sa propriété exclusive. Et par suite du consentement tacite des nations civilisées, consentement qui en a fait une loi du droit public, des contrées inhabitées ou occupées par des peuplades sauvages, dont une nation a pris possession, font partie de son domaine exclusif, dès qu'elle y a planté son drapeau; ces contrées sont sa propriété, encore bien qu'elle n'y fonde aucun établissement.

La propriété comprend deux choses : le *domaine*, qui, pour une nation, est le droit d'user seule du territoire qu'elle habite, et d'en tirer les avantages qu'il peut offrir; et l'*empire* ou commandement souverain, par lequel elle dispose à sa volonté de tout ce qui est sous sa domination.

Le territoire d'une nation doit être sacré, et l'on doit s'abstenir de tout acte attentatoire au droit de souveraineté et à l'indépendance de cette nation.

Art. II. — *Du droit d'asile et de naturalisation.*

1° *Droit d'asile.*

Puisque chaque nation est maîtresse de son territoire, aucun souverain étranger ne peut étendre son empire sur le domaine de cette nation, et tout proscrit, auquel elle a donné asile, est inviolable, tant qu'il continue de résider dans la terre hospitalière qui l'a reçu : il est sous la protection spéciale du souverain, et ne peut être saisi qu'avec son autorisation expresse. L'*hospitalité* est un devoir rigoureux pour les nations, et les malheureux ne peuvent, sans inhumanité, être repoussés lorsqu'ils implorent des secours. Mais c'est surtout à l'égard de ces victimes infortunées des dissensions politiques que ce droit sacré doit être respecté.

Lorsque les factions sont en présence, les hommes les plus remarquables de chaque parti, tour à tour vainqueur ou vaincus, deviennent souvent victimes de ces querelles intestines. L'on voit alors des citoyens recommandables chassés de leur patrie, et forcés d'aller implorer un asile en terre étrangère. Les autres nations, spectatrices désintéressées de ces luttes civiles, ne peuvent, sans violer les lois de l'humanité, leur refuser un refuge : l'intérêt et le devoir leur imposent l'obligation de les secourir.

Mais ce droit sacré n'appartient pas à ces scélérats qui violent les lois de la nature, à ces empoisonneurs, à ces assassins, à ces incendiaires, à ces spoliateurs des biens d'autrui, dont les crimes attaquent la société tout entière. Toutes les nations doivent se réunir, tous les hommes doivent élever la voix, pour demander que la nature outragée soit vengée. Ces monstres doivent être atteints partout et dans toutes les situations : pour eux les limites territoriales doivent disparaître, et tout souverain qui les protégerait participerait à leurs crimes.

2° *Naturalisation.*

S'il est du devoir d'une nation d'accueillir les étrangers, de protéger leurs personnes, de respecter leurs biens, leur liberté, de leur accorder, comme aux citoyens, le droit de contracter, d'acquérir, d'aliéner, de tester, de succéder, il est évident qu'il n'en est pas de même à l'égard des droits spéciaux qui sont exclusivement attachés à la qualité de citoyen. Il y aurait trop de dangers à accorder aux étrangers les droits précieux qui n'appartiennent qu'aux naturels du pays, aux citoyens actifs. Ainsi le droit de faire partie des assemblées électorales et délibérantes, et de participer ainsi au pouvoir souverain et à la puissance exécutive, de porter les armes, de faire partie des gardes nationales, d'être témoins instrumentaires dans les actes publics, etc., sont les priviléges du citoyen : le droit de cité n'appartient pas à l'étranger, il ne peut l'acquérir que par le consentement formel de la nation. Ce droit, on le confère par des *lettres de naturalisation.*

Art. III. — *De la guerre.*

La vie des états doit être respectée comme celle des hommes. Toute nation attaquée a le droit de faire la guerre pour sa propre conservation, comme tout individu a le droit de repousser l'agression par la force.

La *guerre* est *défensive, offensive* ou *civile*.

La *guerre défensive*, c'est-à-dire celle où l'on résiste à celui par lequel on est attaqué, est juste, lorsque la guerre offensive qu'elle repousse est injuste.

La *guerre offensive*, celle où l'on attaque un peuple qui n'avait pas dessein d'attaquer, est licite, lorsque le peuple agresseur a un droit certain, et que la nation attaquée refuse opiniâtrément d'y accéder, ou de réparer quelque injure manifeste.

La *guerre est civile* lorsque les citoyens d'une même nation s'arment les uns contre les autres. Les guerres civiles sont toujours les plus cruelles et les plus passionnées : des frères ne se haïssent pas à demi. En affaiblissant la patrie, elles entraînent son asservissement.

Le besoin de la conservation et de l'indépendance nationale nécessite dans les états une *force militaire* permanente, qui, par le maniement journalier des armes, soit capable de résister aux attaques que d'ambitieux voisins pourraient diriger contre la nation. Mais la liberté des citoyens peut être compromise par l'établissement de ces grands corps armés : dès que les légions romaines furent stables et permanentes, qu'elles ne furent plus composées de citoyens, la liberté fut anéantie à Rome.

La crainte légitimée par l'expérience que ces soldats armés ne choisissent pour leur souverain le premier chef heureux qui les aura conduits à la victoire, ou qui, par ses largesses, aura mérité leur amour, et que le prince lui-même ne s'en serve pour enchaîner la liberté nationale; le désir de concilier l'indépendance des nations, appuyée sur la force, avec la liberté des citoyens qu'elle menace, occupent depuis long-temps les publicistes les plus distingués. Il est facile de proposer des hypothèses sur ce sujet, mais elles sont d'une exécution difficile dans l'état de civilisation où sont aujourd'hui parvenus les peuples de l'Europe. Peut-être en ne prolongeant pas indéfiniment le temps du service militaire, en exigeant que tous les citoyens indistinctement soient exercés comme soldats ou comme gardes civiques, au maniement des armes, pourrait-on parvenir à assurer l'indépendance des nations, et les mettre à l'abri des attaques de ses voisins, des entreprises téméraires des chefs militaires, et de l'ambition des princes que leur naissance appelle à gouverner les hommes.

Dans la guerre, tout mal qui n'est pas essentiellement nécessaire, doit être évité.

Si une ville a des torts, dit Platon, les femmes, les enfans, les maisons, les temples, les sépultures, les murailles ne sont pas coupables ; nous ne devons punir que les auteurs de l'injustice.

L'humanité doit présider à toutes les guerres : c'est le seul moyen de tempérer les horreurs qui les accompagnent. Le caractère de la justice est la magnanimité, et le vrai courage s'allie très-bien avec la sensibilité ; il devient alors une vertu, tandis que l'audace n'est qu'un mouvement impétueux et irréfléchi commun aux animaux.

Parmi les peuples civilisés, la philanthropie a fait repousser depuis long-temps ces moyens odieux de nuire à ses ennemis, en massacrant les prisonniers de guerre, en passant au fil de l'épée des populations désarmées. L'empoisonnement des fontaines et des sources, l'incendie, le viol, le pillage, sont généralement bannis des guerres. Le chef qui ne rougirait pas d'employer de pareils moyens de vaincre exciterait une indignation générale, et son nom irait grossir la liste des scélérats qui sont l'objet de l'exécration des hommes.

Pendant la révolution et dans les longues guerres de Bonaparte, les droits de l'humanité ont été quelquefois religieusement respectés; les peuples se sont montrés généreux; les soldats seuls combattaient les soldats, et le citoyen restait spectateur intéressé de la lutte. Le soldat blessé cessait d'être ennemi, et obtenait dans les hôpitaux les mêmes soins que le soldat national. La valeur et le talent combattaient la bravoure et l'expérience, et ces luttes ont été glorieuses pour toutes les nations.

Mais la guerre ne peut être justifiée que

par la nécessité, et tout prince qui, dans son intérêt personnel, par caprice ou par orgueil, entreprend une guerre injuste, est coupable envers l'humanité; il oublie qu'il n'est chef de la nation que pour veiller attentivement aux intérêts du peuple, et que c'est un crime de tourner contre lui le pouvoir qu'on lui a confié. « Que l'on ne me parle pas surtout de la gloire du prince, s'écrie l'illustre auteur de l'Esprit des lois, sa gloire serait son orgueil, c'est une passion et non pas un droit légitime. »

Les peuples cependant n'ont que trop de penchant à se laisser aveugler par le prestige de la gloire militaire. Les maux que la guerre entraîne ne frappent pas immédiatement les sujets du prince qui les conduit au combat. Ils se laissent bercer par de chimériques espérances : et lorsque la triste réalité se présente à leurs yeux dessillés, qu'ils se voient privés de leurs enfans, que les sources de la prospérité nationale sont taries, qu'après de longs combats et des flots de sang répandus, ils ont échangé l'aisance contre la misère; que les travaux de la guerre les ont vieillis avant l'âge, et que leur gloire a été effacée par des revers, ils maudissent leur fatal aveuglement, détestent le prince qui a été l'instrument de leur infortune, sans cependant devenir plus sages.

O peuples! quand cesserez-vous d'être enfans et de vous laisser amuser avec des hochets? quand l'âge de la raison viendra-t-il? quand cesserez-vous d'admirer ces conquérans dont le souvenir exalte vos âmes: cet Alexandre, qui, après avoir envahi de vastes contrées, après avoir porté la guerre jusqu'au fond de l'Asie et versé des torrens de sang, après avoir donné des preuves de courage et de magnanimité, ne put résister au poison de l'adulation; croyant que le monde n'était plus assez vaste pour le contenir, il voulut s'élever au rang des dieux; il se fit encenser comme le fils du maître du tonnerre, jusqu'à ce qu'une maladie mortelle, fruit de l'intempérance, vînt lui rappeler qu'il n'avait pas cessé d'être homme; ce César, à qui la nature avait prodigué tant de faveurs, et qui massacrait de sang-froid ces populations entières de braves Gaulois, qui savaient combattre et mourir, mais qui ignoraient l'art redoutable de la discipline militaire ? ce Bonaparte, dont l'épée sanguinaire moissonna, pendant vingt années, la jeunesse des États les plus civilisés de l'Europe ! Quand cesserez-vous d'admirer de semblables folies, de vous laisser éblouir par ces brillantes horreurs ? Votre admiration est l'appât et la récompense des conquérans. Vous ressemblez à l'agneau qui regarde aiguiser le couteau, et semble admirer l'éclat de l'instrument qui va lui donner la mort. Si le nombre des victimes égorgées peut être un titre auprès de vous à ce qu'on appelle la gloire, Thimur et Gengis-Kan, ces grands dévastateurs de l'Asie, méritent le premier rang dans votre estime!

L'homme qui tue un citoyen est un monstre; et le prince qui usurpe l'autorité des lois, qui arrache les enfans du sein de leur mère, l'époux des bras caressans de sa jeune compagne, qui tarit ainsi les sources de la prospérité populaire, qui va porter le fer et le feu chez une nation voisine qui ne l'a pas offensé, serait un héros s'il est assez malheureux pour réussir dans ses coupables desseins!

Cessez de sanctifier par vos louanges et

votre assentiment, des erreurs aussi préjudiciables à vos vrais intérêts; n'admirez que ce qui est véritablement admirable, la vertu et la sagesse, et flétrissez l'ambition du conquérant comme un crime. Alors peut-être ne verrez-vous plus ces trop fréquens exemples de guerres entreprises uniquement pour satisfaire l'ambition, le désir de la gloire, ou quelque passion moins élevée des chefs des nations.

Je ne connais de guerres véritablement glorieuses, que celles qui sont essentiellement justes; les autres me paraissent des crimes atroces qui méritent l'indignation de la postérité.

Lorsque la guerre est indispensable, elle est légitimée par la nécessité. Le monarque qui la conduit avec prudence et talent mérite l'admiration et l'amour de ses sujets: il sauve la patrie ou il venge ses injures; mais lorsqu'elle est injuste, c'est une atrocité.

I. — *Des stratagêmes à la guerre, des espions, etc.*

A la guerre, les *stratagêmes* qui ont pour but de mettre l'ennemi en défaut, les ruses de guerre, les feintes exemptes de perfidie, sont généralement permis : ils ont souvent contribué à la gloire des plus grands capitaines, et ont diminué l'effusion du sang. L'usage des *espions* est également toléré à la guerre, et si on méprise les hommes qui se vouent à ce métier, la nécessité en rend néanmoins l'usage général; mais les lois des nations et l'honneur ne permettent pas d'employer ces hommes pour séduire les sujets du monarque auquel on fait la guerre, et les engager à trahir leur maître : c'est flétrir la victoire que de l'obtenir par la trahison.

II. — *Des droits de la victoire.*

Si la guerre entraîne nécessairement après elle le ravage et la désolation, si les lois se taisent au milieu des armes, la *victoire* prescrit la clémence, et l'humanité recouvre ses droits.

La victoire venge une injure, et la réparation obtenue, le peuple qui a été vaincu cesse d'être ennemi; ou bien elle entraîne la conquête, qui, d'après l'opinion de la plupart des publicistes, est un titre légitime à la souveraineté. Alors la nation incorporée au peuple vainqueur acquiert de nouveaux titres à sa clémence et à sa générosité; c'est une masse de nouveaux citoyens qui mérito tous les égards que l'on doit au malheur.

Mais, dans aucun cas, l'humanité ne permet de ravir aux vaincus ces choses précieuses, la vie, la liberté, les lois, les biens, et surtout leur religion.

III. — *Des prisonniers de guerre.*

Nous avons vu que l'esclavage fondé sur le droit que les anciens revendiquaient de pouvoir mettre à mort un ennemi vaincu, était une usurpation de la force sur la faiblesse, et qu'il ne pouvait être justifié par la raison, parce que le vaincu ne mérite plus que notre clémence. Dès qu'un ennemi dépose les armes, il n'est plus permis de lui ôter la vie, son salut est la condition tacite de sa soumission : mais il ne suffit pas de lui laisser la vie sauve, il faut encore le traiter avec humanité. La prudence peut faire un devoir au peuple vainqueur de ne pas renvoyer immédiatement un prisonnier dans ses foyers, pour ne pas multiplier le nombre de ses ennemis, mais sa captivité ne doit durer que le temps exigé par la loi impérieuse de la nécessité, et les lois de l'honneur sont aujourd'hui si respectées par les peuples civilisés, qu'il n'est pas rare de voir les officiers prisonniers de guerre renvoyés sur parole dans leurs foyers.

IV. — *De la neutralité.*

Un peuple est *neutre* dans une guerre, lorsqu'il n'y prend aucune part, et qu'il reste ami des deux puissances belligérantes. Le premier devoir d'une nation neutre, c'est de ne favoriser ni l'une ni l'autre des parties, autrement sa neutralité serait frauduleuse.

La *neutralité* comprend deux obligations principales :

1° Ne donner de secours ni en hommes ni en argent;

2° S'abstenir de fournir aucun objet, tel que armes, munitions, etc., qui serve directement à la guerre.

Tout ce qui ne regarde pas spécialement la guerre, une nation neutre ne s'interdit pas le droit de le fournir aux puissances belligérantes ; elle conserve la liberté de faire toute autre espèce de commerce avec les deux partis ; elle reste libre dans ses négociations et dans ses liaisons d'amitié.

En 1780, la Russie, pour faire respecter le commerce et les droits des nations neutres, adopta un système de neutralité armée qui a depuis prévalu entre les nations.

D'après ce système, les vaisseaux neutres peuvent naviguer librement de port à port et sur les côtes des nations en guerre. Les effets appartenant aux peuples belligérans sont libres sur vaisseaux neutres, à l'exception de la *contrebande de guerre* ; et sous le titre de contrebande, on comprend tout ce qui est destiné au soutien de la guerre, comme les armes, les munitions et tout ce qui est expressément déclaré tel par les traités.

Un port n'est bloqué que lorsque, par les dispositions de la puissance qui l'attaque, des vaisseaux stationnés près des côtes en rendent l'abord évidemment dangereux.

§ III. — *Des traités.*

On appelle *traités*, les conventions que

les souverains, considérés comme tels, font les uns avec les autres, sur les choses qui intéressent l'État.

Les devoirs réciproques des nations, fondés sur l'obligation que les lois naturelles leur imposent, n'étant pas toujours remplis avec l'exactitude que l'humanité exigerait, l'ambition des princes, l'orgueil national, l'intérêt mal entendu, excitant souvent des rivalités entre les nations, il est nécessaire que chaque peuple s'appuie sur des alliés, et par des combinaisons politiques établisse un juste équilibre entre lui et les nations plus puissantes qui l'entourent.

Les traités, comme toutes les conventions, doivent être exécutés de bonne foi ; il en résulte un droit parfait, et leur violation est une injustice.

Lorsque l'on veut qu'ils soient durables, il faut qu'ils soient avantageux pour chacune des nations qui y participent ; la ruse et la violence peuvent bien arracher des consentemens pernicieux à un peuple dupe ou victime ; mais son intérêt lui fait un devoir de résister, dès qu'il le peut, à l'exécution de conventions qui n'ont pas un caractère sacré, puisque le consentement qui en était la base n'a pas été libre.

La duplicité et la ruse n'entrent que trop fréquemment dans les conseils des souverains, et l'on décore la fourberie, qui est justement méprisée parmi les hommes, du nom pompeux de *politique* : c'est de l'habileté diplomatique quand il s'agit des intérêts d'une nation. Mais si la ruse a été flétrie parmi les hommes comme un des plus dangereux fléaux de l'humanité, parce qu'elle introduit l'hésitation et la défiance dans les relations sociales; si les hommes qui se servent de ce honteux moyen de parvenir à leur but sont les objets du mépris public, n'est-elle pas plus odieuse encore, et plus funeste par les conséquences qu'elle entraîne, lorsqu'elle s'immisce et s'impatronise dans les rapports politiques des nations? Ce n'est plus qu'un échange de stratagèmes; on se rit de la candeur de l'homme d'État, et il n'est pas permis d'être honnête et vertueux en politique : la finesse doit dominer partout. Cependant cette finesse politique dont les gouvernemens font si grand cas me paraît bien grossière, si l'on en juge par les révélations de l'histoire; le plus fin politique serait, suivant moi, celui dont les relations seraient toujours franches et loyales, qui aurait la perspicacité nécessaire pour se garantir des tours d'adresse de ces vieux renards diplomates qui sont forcés de cacher sous les dehors de la franchise leurs ruses usées, mais qui dédaignerait la duplicité, et dont la parole vaudrait celle d'un homme d'honneur. Espérons qu'un jour la probité et la franchise s'introduiront dans les rapports de peuples à peuples; que, pour être homme d'État, il ne sera pas nécessaire de cesser d'être homme honnête, et qu'on reconnaîtra enfin que la droiture et la candeur sont plus utiles, même en politique, que la fourberie et l'astuce.

Les traités étant des conventions, les règles ordinaires d'équité qui s'appliquent aux contrats doivent servir à leur interprétation; ainsi il faut plutôt rechercher quelle a été la commune intention des nations contractantes, que de s'arrêter au sens littéral. Toutes les clauses d'un traité doivent s'expliquer les unes par les autres; dans le doute, l'interprétation se fait contre celui qui a donné la loi dans le traité; quelque généraux que soient les termes d'un traité, ils ne se rapportent qu'à l'objet ou au différend auquel il met fin.

Les traités ont en général pour but, la guerre, la paix, le commerce ou le réglement de quelque intérêt particulier.

Art. Ier. — *Traités d'alliance.*

Les *traités relatifs à la guerre* sont d'*alliance offensive* lorsque deux puissances se promettent des secours réciproques dans les cas de guerre offensive; d'*alliance défensive*, si les deux nations se promettent assistance réciproque dans le cas de guerre défensive.

Grotius remarque avec raison que les traités d'alliance défensive sont favorables, mais que ceux d'alliance offensive sont odieux.

Art. II. — *Traités de paix.*

La *paix* est un état dans lequel on jouit paisiblement de la plénitude de ses droits, sans être tenu de recourir à la force pour les maintenir ou les conserver. La paix est la situation la plus heureuse où puissent se trouver les nations; c'est donc un devoir pour les peuples et pour les souverains de chercher à éviter tout ce qui pourrait la troubler.

Tout traité de paix est de sa nature perpétuel; la paix efface les injures qui avaient allumé la guerre; dès que le traité est conclu, c'est une affaire consommée; il doit être religieusement observé de part et d'autre. Mais un traité de paix, pour être obligatoire, doit être fait par la puissance souveraine ayant capacité d'agir.

Des trèves. — On appelle *trèves* la suspension des hostilités pendant un espace de temps déterminé par le consentement réciproque des parties belligérantes; les trèves ne mettent pas fin à la guerre; dès quelles sont terminées, les hostilités peuvent recommencer; mais elles sont souvent un acheminement vers la paix. Pendant la durée de la trève, toute chose doit demeurer dans l'état où elle était au moment de sa conclusion.

Art. III.—*Traités de commerce.*

Souvent aussi les traités ont pour objet les relations commerciales des nations entre elles ; ils doivent être fondés sur les intérêts réciproques des peuples contractans.

Depuis long-temps les économistes pensent que la meilleure politique que les gouvernemens puissent suivre dans leurs rapports commerciaux, serait de supprimer les douanes dans tous les pays; de n'imposer que la consommation; de renoncer surtout aux prohibitions, et d'adopter cette maxime générale, « laissez faire, et laissez passer; » à quoi il faut ajouter : «Ouvrez des débouchés à l'industrie en protégeant, par des stations navales, le commerce dans les parages éloignés; n'écrasez pas le peuple d'impôts, car toute la masse des impositions est une somme ravie à l'industrie. » L'économie publique appuie sa théorie des raisonnemens les plus propres à porter la conviction dans les esprits, et cependant l'économie exécutive résiste encore dans tous les pays, et cherche à justifier ses préjugés par des raisonnemens quelquefois spécieux.

Ne serait-ce pas presque toujours des questions de position et d'époque? Doit-on, tout en adoptant les théories savantes des Smith, des Filangieri, des J.-B. Say, des Sismondi, des Ricardo, des Malthus, les étendre ou les circonscrire suivant les besoins particuliers de chaque peuple? Il n'est pas du ressort de cet ouvrage d'examiner ces questions, quelles que soient leur importance et leur influence sur la prospérité des peuples (1).

Art. IV. — *Liberté des mers.*

Si le système des prohibitions trouve encore aujourd'hui quelques partisans parmi les hommes d'État, la question de la *liberté des mers* est entièrement résolue, et les paradoxes que l'Anglais Selden a accumulés dans son livre intitulé *Mare clausum*, ne sont plus tolérables dans l'état actuel de la civilisation. On a reconnu que la mer n'étant susceptible ni de culture ni de bornage, on ne pouvait acquérir sur elle aucun droit de propriété ; que sa surface mobile appartenait à tous, parce qu'elle ne pouvait être appréhendée par personne, et que tout empire que l'on prétendait exercer sur cette vaste plaine, n'était qu'une usurpation.

Il a été également reconnu que l'empire

(1) Voyez le traité d'ÉCONOMIE POLITIQUE, par M. A. Blanqui. 2 vol. 5 fr. 50 c.

de chaque Etat s'étend sur les mers qui baignent ses côtes jusqu'à la portée du canon, parce qu'il a le droit et les moyens de faire respecter dans cette limite sa souveraineté.

Tout navire qui glisse sur la surface des mers est protégé par le droit des gens; attaquer un vaisseau, c'est déclarer la guerre à la puissance à laquelle il appartient.

La *course sur mer* est un brigandage que les lois seules de la guerre peuvent faire tolérer, mais elle ne devrait être permise que sur les vaisseaux qui appartiennent à l'Etat ennemi; les bâtimens marchands appartenant aux sujets des puissances belligérantes devraient toujours être respectés. L'humanité préside aux guerres ordinaires: on ne massacre plus les citoyens désarmés, on ne s'empare plus de leurs personnes, on ne pille plus leurs biens; pourquoi dans les guerres maritimes la philanthropie n'exige-t-elle pas le même respect pour les citoyens inoffensifs?

Que l'ennemi se réserve un droit de surveillance sur les vaisseaux des sujets, qu'il veille à ce que l'Etat ne puisse pas profiter directement du commerce des négocians pour prolonger la résistance, rien de plus juste. Mais là s'arrête son droit ; lorsqu'il s'empare avec violence des biens des particuliers, il viole la loi naturelle.

Un navire a le droit d'aborder partout, en se conformant aux lois du pays ; il peut y faire de l'eau, y acheter des vivres et tout ce qui est nécessaire à son voyage, même lorsque le port où il veut aborder est en état de *blocus,* pourvu toutefois qu'il n'appartienne pas à la puissance attaquée.

Les vaisseaux neutres continuent à faire le commerce avec les puissances belligérantes ; mais le droit des gens défend d'apporter des munitions de guerre dans les ports bloqués, ou de ravitailler les places réellement investies.

Art. V. — *Traités sur des intérêts particuliers.*

Enfin les traités peuvent n'avoir d'autre but que de régler des intérêts individuels entre les nations, tels que les limites respectives de leurs domaines et de leur empire, des cessions ou échanges de territoire, et autres conventions de même nature. Ce sont de véritables contrats auxquels on doit appliquer les principes de l'équité naturelle.

SECTION II.

Des ambassadeurs et agens diplomatiques.

C'est par le moyen des *ambassadeurs* que se négocient le plus souvent les traités ; nous suivons donc la filiation naturelle des idées, en nous occupant dans cette section de ce qui regarde les *agens diplomatiques.*

L'utilité que les nations peuvent tirer réciproquement des ambassadeurs est évidente, puisque ce n'est que par leur entremise que les peuples peuvent espérer d'établir et d'entretenir les relations de commerce et de bonne amitié, d'aplanir les difficultés qui naîtraient entre eux, et d'éviter les collisions et les guerres.

En effet, les peuples ne peuvent pas traiter directement de leurs intérêts respectifs ; et lorsque la souveraineté est déléguée à une personne unique, ce magistrat ne pourrait que difficilement entrer en négociation avec le souverain d'une nation voisine ; les entrevues seraient souvent impraticables : l'orgueil naturel que doit avoir le chef d'un État, les rendrait dangereuses ; les dépenses, les longueurs, les embarras deviendraient excessifs, et l'on obtiendrait rarement des résultats avantageux de cette manière d'agir.

L'usage des agens diplomatiques aplanit toutes les difficultés, et leur entremise rend les relations des peuples promptes et faciles.

Cependant l'histoire ne fait guère remonter l'usage des ambassadeurs permanens au-delà de la fin du seizième siècle, et Wicquefort, dans son *Traité des ambassadeurs*, atteste que Raimond de Beccarie qui, en 1565, fut envoyé par le roi Charles IX auprès de Philippe II, fut le premier ministre accrédité près d'une puissance étrangère.

Les anciens n'envoyaient et ne recevaient que des *ambassadeurs extraordinaires*. Ils étaient chargés de négocier la paix, de déclarer la guerre, ou de quelque autre objet analogue; leur mission remplie, ils retournaient dans leur patrie.

Les nouveaux besoins, fruits d'une civilisation plus avancée, ont rendu nécessaires des résidens permanens. Ils représentent la personne du souverain auprès des puissances étrangères ; ils aplanissent les difficultés, entretiennent la bonne intelligence, forment des liens plus serrés et plus durables entre les nations.

Les ambassadeurs étant nécessaires au bonheur des peuples, puisqu'ils procurent, conservent ou rétablissent la paix et l'amitié entre les hommes, et qu'ils favorisent le commerce entre les nations, leur personne doit être sacrée et inviolable. Aussi tous les peuples, même les plus barbares, ont-ils respecté les ambassadeurs, et la violation de leur caractère a toujours été considérée comme un des crimes les plus odieux dont puisse se rendre coupable une nation. Les anciens dévouaient aux dieux infernaux ceux qui avaient attenté aux droits des ambassadeurs; ils pensaient qu'ils étaient protégés par les lois divines autant qu'ils devaient l'être par les lois humaines.

Les ambassadeurs représentant la personne du prince qui les a envoyés, ils ne peuvent dépendre, ni du souverain près duquel ils sont accrédités, ni de ses tribunaux. Le prince étranger ne consentirait jamais à soumettre sa personne à une autorité autre que celle des lois de son pays, l'ambassadeur a le droit, comme son représentant, de jouir des priviléges qu'aurait pu revendiquer son monarque s'il était venu traiter directement avec la puissance étrangère.

Les agens diplomatiques sont, suivant l'expression de Montesquieu, la parole du prince qui les envoie, et cette parole doit être libre. Ils doivent traiter d'égal à égal avec le souverain chez lequel ils résident, et ont droit à une indépendance absolue. Si l'ambassadeur était soumis à la juridiction du prince avec lequel il négocie, s'il était justiciable de ses tribunaux, si on pouvait lui imputer des crimes, lui supposer des dettes, saisir sa personne et ses biens, son indépendance disparaîtrait entièrement : ce ne serait plus qu'un sujet en présence de son maître.

Les ambassadeurs étant aussi nécessaires en temps de guerre qu'en temps de paix, les mésintelligences qui peuvent survenir entre les nations n'autoriseraient pas l'insulte ou les mauvais traitemens des envoyés diplomatiques de la nation à laquelle on déclare la guerre. Le droit des gens et l'intérêt des nations commandent qu'on respecte leur caractère, même dans ces momens d'effervescence. Ce n'est pas seulement sous l'égide des lois, des alliés, qu'ils peuvent trouver protection, ils doivent trouver sûreté et sécurité au milieu des bataillons ennemis.

Vattel remarque aussi que les raisons qui rendent les ambassades nécessaires et les ambassadeurs sacrés et inviolables, n'ont pas moins de force en temps de guerre qu'en temps de paix ; au contraire, la nécessité et le devoir indispensable de conserver quelques moyens de se rapprocher et de rétablir la paix, est une nouvelle raison qui rend les ministres, instrumens des pourparlers et de la réconciliation, plus sacrés encore et plus inviolables.

Mais l'inviolabilité de la personne des ambassadeurs n'est-elle sujette à aucune restriction ? ne sont-ils soumis à aucune des lois du peuple chez lequel ils résident ? à l'abri du caractère sacré dont ils sont revêtus, peuvent-ils se livrer à tous les désordres, contracter des engagemens envers les régnicoles, se rendre coupables de crimes, conspirer contre le souverain et braver la justice civile et la justice criminelle ? La plupart des publicistes qui ont traité ces questions n'osent pas les aborder franchement; ils citent des exemples sans établir de règles fondées sur des raisonnemens solides.

Blackstone, dont les vues sont toujours essentiellement monarchiques, pense bien qu'un ambassadeur est privilégié par les lois de la nature et des nations; mais s'il commet quelque offense contre la loi de la raison et de la nature, s'il conspire contre la vie du souverain chez lequel il réside, il veut qu'il perde son privilége, et qu'il soit condamné comme coupable de haute trahison; s'il est convaincu de toute autre espèce de crime ou de délit, il pense qu'il doit être renvoyé à son maître.

Burlamaqui veut que l'ambassadeur perde son immunité, si le crime qu'on lui impute est évident et atroce; et par crime atroce il entend ceux qui tendent à troubler l'État ou à priver de la vie les sujets du prince auprès duquel l'ambassadeur est envoyé, ou à leur causer quelque préjudice considérable dans leur honneur ou dans leurs biens. Si le crime offense directement l'État ou celui qui en est le chef, soit que l'ambassadeur ait usé de violence ou non, on peut s'en venger, dit-il, même en le tuant, non comme sujet, mais comme ennemi.

Voilà le privilége des ambassadeurs, qui est cependant fondé sur les lois de la nature et des nations, furieusement entamé, et cette protection illimitée qu'on lui accorde en principe, étrangement restreinte dans la pratique, puisque le ministre étranger devient ainsi justiciable des tribunaux du pays où il réside, pour des crimes vrais ou supposés.

Le professeur Félice, qui a commenté et annoté l'ouvrage de Burlamaqui, examinant ces questions, pense que si un ambassadeur en vient aux voies de fait, prend les armes et use de violence, ceux qu'il attaque ont le droit de le repousser, la défense étant de droit naturel ; et que si l'envoyé se comporte en ennemi, il doit être permis de le traiter comme tel. Il avoue que la question présente plus de difficulté à l'égard de l'ambassadeur, qui, sans en venir actuellement aux voies de fait, ourdit des trames dangereuses, invite par ses menées les sujets à la révolte, forme et fomente des conspirations contre l'État. Après avoir signalé les graves inconvéniens qu'il y aurait à soumettre à la juridiction des tribunaux étrangers les ministres d'une autre puissance, sous le prétexte d'intrigues, de menées et de conspirations contre l'Etat, il pense qu'en faveur de la grande utilité des ambassades, les souverains sont obligés de respecter l'inviolabilité de l'ambassadeur, tant qu'elle ne se trouve pas manifestement incompatible avec leur propre sûreté.

Mais si un ambassadeur, ajoute le même auteur, commet des crimes atroces, qui attaquent la sûreté du genre humain, s'il entreprend d'assassiner ou d'empoisonner le prince qui l'a reçu à sa cour, il mérite sans difficulté d'être puni comme un ennemi traître, empoisonneur et assasin ; son caractère, qu'il a si indignement souillé, ne peut le soustraire à la peine.

Les distinctions que le professeur Félice établit sont ingénieuses; toutefois nous n'adopterons pas toutes ses solutions. Nous pensons que si un ambassadeur prend les armes et use de violence, le gouvernement attaqué a, sans contredit, le droit de repousser l'agression par la force; il aurait le droit de défendre sa vie politique contre la violence du souverain étranger, que l'ambassadeur représente : il doit, à plus forte raison, pouvoir user de ce droit légitime contre un ministre de ce souverain qui lui fait la guerre, en violant les lois de la justice et de l'hospitalité.

Mais, dans toutes les autres circonstances, soit que le ministre ait ourdi contre l'État près duquel il est envoyé des trames dangereuses, des machinations coupables, soit qu'il ait conspiré contre la nation et contre la vie du prince, soit qu'il ait commis quelque crime atroce envers les sujets, il me semble qu'il n'est pas permis à la nation chez laquelle il réside de le juger et de le punir: autrement les envoyés diplomatiques ne jouiraient jamais de la sécurité qui leur est indispensable pour traiter les graves intérêts dont ils sont chargés; on calomnierait leurs intentions, on leur supposerait des crimes, on leur susciterait de fausses accusations, on les intimiderait par des menaces; sous prétexte de rechercher les preuves d'un crime, on violerait leur domicile, on trahirait le secret de leur correspondance. S'ils abusent de leur être représentatif, dit Montesquieu, on le fait cesser en les renvoyant chez eux; on peut même les accuser devant leur maître, qui devient par là leur juge ou leur complice.

L'histoire fournit de nombreux exemples de conspirations ourdies contre la sûreté de l'État où du prince, par des ambassadeurs qui ont trouvé l'impunité dans l'inviolabilité de leur caractère : Tite-Live rapporte que les ambassadeurs de Tarquin le Superbe, étant venus à Rome sous le prétexte de réclamer les biens appartenant à leur maître, profitèrent de leur séjour dans cette ville pour tramer, contre l'indépendance de la patrie, une conjuration, en associant à leurs coupables desseins la partie corrompue de la jeunesse romaine. Quoique Tarquin fût un des ennemis les plus implacables de la république, et que la conduite des ambassadeurs eût été lâche et déloyale, les consuls et le sénat respectèrent le caractère dont ils étaient revêtus : on se borna à les chasser de Rome, sans leur faire aucun mal.

Vattel pensait aussi que s'il était néces-

saire, pour prévenir une conjuration, d'arrêter, et même de faire périr un ambassadeur
qui la dirigerait, il n'y avait pas à balancer,
parce que le salut de l'État est la loi suprême.

Mais M. Isambert, dans ses *Annales politiques et diplomatiques,* qui, comme tous les
ouvrages de l'auteur, sont fertiles en sentimens généreux, combat la doctrine de Vattel. Un pareil acte serait, à ses yeux, un attentat au droit des gens: « Quelque coupable
qu'un ministre puisse être, vous ne pouvez,
dit-il, ni le convaincre, ni lui appliquer une
peine légale; il n'est pas soumis aux lois de
votre pays. Si vous surveillez vos sujets, les
trames de l'étranger ne seront pas à crain-
dre; si l'ambassadeur machine seul, vous
pouvez l'observer et le congédier; cela suffit pour la sûreté de l'État. »

Quant aux biens d'un ambassadeur, les
jurisconsultes pensent, pour la plupart,
qu'un ambassadeur, ni personne de sa suite,
ne peut être poursuivi pour dettes ou obligations par-devant les tribunaux du pays
où il réside. Cependant quelques auteurs
ont professé l'opinion qu'on peut saisir les

effets mobiliers que l'ambassadeur possède dans le lieu de sa mission, mais qui ne lui appartiennent pas en qualité d'ambassadeur; et qu'à l'égard des marchandises, elles peuvent toujours être saisies, parce qu'il ne les possède jamais comme ambassadeur. Que si l'envoyé diplomatique possède des fonds de terre, ils doivent être soumis à la juridiction du pays, parce que tous les biens immeubles relèvent de la souveraineté nationale.

L'examen de toutes ces questions exigerait bien plus de développement que nous ne pouvons en donner ici: pour exprimer en peu de mots notre opinion sur cette matière, nous dirons que l'inviolabilité de la personne des ambassadeurs, à laquelle nous avons donné, avec Montesquieu, plus d'étendue que la plupart des jurisconsultes ne paraissent portés à leur accorder, doit s'étendre à tous leurs biens personnels et mobiliers sans distinction; parce que la différence qu'on a voulu établir entre les biens mobiliers qu'ils possèdent comme ambassadeurs, et ceux qu'ils possèdent comme personnes privées, pourrait devenir une source d'abus et de vexations. Il faudrait en effet autoriser les préposés administratifs et les officiers ministériels à examiner si tels objets sont exempts de surveillance, ou tels autres soumis à l'examen ; si tels meubles peuvent être saisis - exécutés, et si tels autres participent à l'inviolabilité de la personne de l'envoyé ; ce qui ne manquerait pas de soulever des levains de haine et de discorde entre les nations.

Si nous admettons que l'ambassadeur n'est pas justiciable des tribunaux du pays où il réside, pour des faits personnels, attentatoires à la sûreté ou à la vie des citoyens, nous devons à plus forte raison repousser leur juridiction, lorsqu'il s'agit d'un fait beaucoup moins grave, de dettes ou d'engagemens contractés envers les regnicoles.

Si l'ambassadeur profitait de l'inviolabilité attachée à tout ce qui lui appartient, pour faire un trafic condamné par les lois, le gouvernement dont il blesserait les intérêts aurait toujours droit de se plaindre de la conduite déloyale de l'envoyé, ou de lui ordonner de quitter le territoire du pays dont il viole les lois.

Quant aux immeubles qu'il possède dans le pays où il remplit sa mission, ils sont soumis à la juridiction du souverain de l'État où ils sont situés : la qualité du propriétaire ne change rien à leur nature, et tout procès relatif à ces biens doit être nécessairement porté devant les tribunaux de leur situation, et jugé par les lois du pays. C'est un principe général en matière de juridiction, qui ne souffre qu'une exception : l'hôtel de l'ambassade, lorsqu'il appartient à l'ambassade ou à son souverain, jouit de tous les priviléges attachés à l'habitation d'un ambassadeur, tant qu'il est occupé par lui. Bynkershoeck, dans son *Traité du juge compétent de l'ambassadeur*, examine cette question, et fait voir que la coutume est entièrement conforme aux principes que nous venons d'indiquer.

La franchise de la personne de l'ambassadeur s'étend à ses bagages, à ses équipages, carrosses et autres objets analogues ; les saisir, ce serait insulter l'ambassadeur et le souverain dont il est le représentant.

L'inviolabilité de l'agent diplomatique se communique à sa suite, aux gens de sa maison et à toutes les personnes qui lui sont attachées.

Sa femme et ses enfans participent à ses immunités; le *secrétaire d'ambassade,* qui est aussi revêtu d'un caractère diplomatique, jouit de ses priviléges; les *courriers* qu'il envoie doivent être sacrés; ses lettres et ses dépêches sont des communications confidentielles qu'on ne peut violer sans faire la plus sanglante injure au gouvernement dont elles émanent, sans fouler aux pieds les principes salutaires du droit des gens.

Le désir de venger un crime qui peut alarmer la société, de faire rendre une justice rigoureuse aux citoyens, et d'empêcher la violation des lois du pays, est louable sans doute dans un gouvernement; mais il faut reconnaître, avec Grotius, qu'il importe plus au salut et au bonheur des nations de respecter le caractère sacré d'un ambassadeur et de garantir sa sûreté, que de punir une infraction aux lois ou un crime particulier. *Securitas legatorum utilitati quæ ex pœna est, præponderat.*

Des consuls.

Les *consuls* et les *agens consulaires*, sans avoir les mêmes attributions ni les mêmes priviléges que les ambassadeurs, sont cependant des ministres revêtus d'un caractère public : ce sont des délégués que les souverains entretiennent dans les places de commerce, pour veiller à la conservation des droits et priviléges de leurs sujets. Ils remplissent des fonctions politiques et administratives.

Comme agens politiques, ils représentent les intérêts commerciaux de leur pays. Le souverain qui reçoit un consul dans ses États s'engage tacitement à lui accorder toute la liberté et toute la sûreté nécessaires pour remplir ses fonctions. Il est, à cet égard, sous la protection du droit des gens.

Comme agens administratifs, ils ont leurs juridictions et leurs attributions particulières ; mais ces détails appartiennent au Droit commercial et au Droit administratif.

SECTION III.

De l'union confédérative des peuples, ou de la paix perpétuelle.

Il est difficile, comme le remarque J. J. Rousseau, qu'un pareil sujet laisse un homme sensible et vertueux exempt d'un peu d'enthousiasme; il faut cependant tâcher de se garantir des rêves de l'illusion, ne pas voir les choses à travers un prisme qui répandrait sur elles des couleurs séduisantes, mais factices et mensongères : il faut oser envisager les hommes tels qu'ils sont, sans leur prêter des perfections idéales.

La *paix perpétuelle* a été, depuis plus de deux siècles, l'objet des désirs et des méditations des philosophes et des hommes vertueux; on a présenté des théories attrayantes, mais les passions des hommes en rendent l'exécution sinon impossible, au moins très-difficile.

Henri IV, ce bon roi dont le nom seul est un éloge, conçut le premier un projet d'union européenne, et en poursuivit l'exécution avec persévérance. Après la paix de

Vervins, qui fut faite en 1598, Henri, frappé des maux et des dangers que la guerre entraîne après elle, pensa que rien n'était plus digne de fixer ses méditations, que de rechercher les moyens de rendre la paix durable. Il crut qu'il serait possible de faire de toutes les puissances chrétiennes une seule république fédérative, représentée par des députés de chaque nation fédérée, dont la réunion aurait formé une espèce de conseil d'amphictyons, chargé de juger tous les différends qui pourraient s'élever entre les diverses nations unies. L'exemple que lui offrait le Corps germanique était pour lui un sujet d'encouragement ; mais il crut que pour arriver à ce but, et cette erreur a été partagée par Rousseau, il fallait commencer par égaliser tous les États, les mettre dans un juste équilibre les uns par rapport aux autres, parce qu'il pensait que la facilité qu'aurait le plus fort de s'agrandir aux dépens du plus faible, serait toujours un appât qui amènerait infailliblement des guerres. Cette idée n'est pas juste, puisque la faiblesse relative d'un État disparaîtrait nécessairement devant la force suprême de

l'union : la seule condition essentielle serait
qu'aucune nation ne fût en état de résister
seule à toutes les autres. Au surplus, chaque
peuple devait payer à l'union un contin-
gent en argent, que Sully appelait cotisation
proportionnelle. Ce projet, tout imparfait
qu'il était, avait été agréé en 1601 par la
Reine d'Angleterre, approuvé par le Pape,
et communiqué à un grand nombre de souverains qui déjà en avaient adopté les bases.
Toutefois il resta sans exécution.

En 1713, l'abbé de Saint-Pierre s'empara
de ce projet, qu'il développa en le modifiant,
sous le titre de *Projet de paix perpétuelle*. Il
propose également une union européenne,
où toutes les nations fédérées seraient repré-
sentées par une assemblée générale. Par ce
moyen, l'on substituait la voie de l'arbitrage
à la voie des armes dans les querelles entre
les nations. L'auteur s'efforce de combattre
les objections nombreuses que l'on peut
faire à son utopie, et cite, pour preuve de
la possibilité de son exécution, l'Union hel-
vétique, la Fédération belgique et le Corps
germanique, à quoi il aurait pu ajouter les
Féries latines, les Cités gauloises et les Lucu-

monies des Étrusques. Mais ces exemples ne me paraissent pas concluans, car il y aurait toujours une immense différence entre ces fédérations partielles de peuples nés sous un même ciel, ayant les mêmes goûts, les mêmes intérêts, réunis par le sentiment de leur faiblesse et le danger toujours imminent qui résulte pour eux du voisinage redoutable de nations puissantes, avec celle de l'union confédérative de peuples plus divisés par leurs besoins que par les immenses montagnes et les mers qui les séparent.

Mais ce qui pourrait paraître plus décisif, c'est l'exemple de cette belle fédération qui enveloppe la moitié du nouveau continent, presque toute la partie septentrionale de l'Amérique, où les climats sont plus diversifiés encore que dans notre vieille Europe, puisqu'elle offre des contrées glaciales et des zones brûlantes, et que tous les grands accidens de la nature y sont bien plus remarquables. Cependant ces peuples prospèrent et avancent avec une rapidité merveilleuse dans la carrière de la civilisation. Partout on y admire de grands citoyens et pas un usurpateur. Mais ces gouvernemens fédératifs

que nous admirons peuvent-ils convenir à
la vieille Europe dans l'état actuel des choses ? Je ne le pense pas, parce qu'il me semble que pour parvenir à ce but, il faudrait
opérer dans l'organisation sociale de grands
bouleversemens, qui pourraient conduire à
l'anarchie et à la ruine de la société. En effet, outre la difficulté presqu'insurmontable
d'engager toutes les nations de l'ancien hé-
misphère, et même de l'Europe, à entrer
dans une pareille ligue, ne se présente-t-il
pas des difficultés très-sérieuses d'exécution?
A qui confierez-vous la nomination si im-
portante de ces députés ? sera-ce aux princes, sera-ce aux peuples ? Si vous la confiez
aux princes, ils nommeront des créatures
dévouées qui, méprisant les intérêts des citoyens, sacrifieront tout à l'ambition du
monarque, et riveront ainsi les fers des peuples. La Sainte-Alliance nous a offert un
triste exemple de cette vérité. Si vous accor-
dez le choix de ces hommes au peuple, vous
abattez la royauté, car il est impossible de
la concevoir sans indépendance; or l'autorité passerait du prince aux députés, pour
se concentrer tout entière dans le congrès

suprême que vous voulez former. Où trouverez-vous d'ailleurs ces sages, ces philosophes, ces savans capables de délibérer sur les intérêts de l'univers, sans ambition personnelle, sans autre vue que celle du bien public? Et s'ils diffèrent d'opinion (et remarquez qu'il est difficile que cela n'arrive pas lorsqu'ils auront à soutenir des intérêts aussi hétérogènes); s'ils se divisent en factions, comme dans nos assemblées délibérantes, croyez-vous que la justice et la raison triompheront toujours de l'intérêt et de la passion? Non, non, ces divisions dangereuses amèneraient des guerres effroyables; on ne verrait plus un peuple se lever contre un peuple, mais une partie du monde se précipiter sur l'autre, peut-être pour de vaines opinions. Si vous voulez établir en Europe ces beaux gouvernemens fédératifs, où le citoyen jouit de toute la liberté et de tout le bonheur qu'il peut espérer dans cette vie, commencez par régénérer la société, arrachez aux Européens leurs habitudes, leurs besoins factices et leurs vices, rappelez leur énergie, formez de nouvelles combinaisons politiques où les princes viendraient déposer leurs couronnes sur l'autel de la patrie ; alors vos projets pourront peut-être se réaliser. Mais il est évident qu'avec l'organisation sociale de l'Europe actuelle, une pareille union fédérative des peuples est une chimère qui ne pourrait amener que des collisions dangereuses.

C'est seulement par une politique sage, en se ménageant des alliances utiles, en éclairant les peuples sur leurs véritables intérêts, en leur permettant d'exprimer librement leur blâme ou leur approbation sur les guerres projetées, qu'on parviendra, sinon à les prévenir toutes, au moins à les rendre moins fréquentes ; et la civilisation, en répandant partout son influence salutaire, pourra peut-être un jour amener de nouvelles combinaisons politiques, qui, en rendant possible cette belle idée de l'union confédérative de tous les peuples de la terre, permettra d'inscrire sur le frontispice du temple de Janus ces mots consolans pour l'humanité : *Paix perpétuelle entre les hommes !*

CONCLUSION.

Que les peuples comprennent enfin que leur bien-être politique, comme le bonheur de chaque homme en particulier, est fondé sur le respect inviolable des lois de la nature et des droits qu'elle leur a accordés; que quiconque viole ces droits sacrés, mérite un châtiment proportionné à l'énormité de l'offense.

Que les hommes se rappellent sans cesse que la vie est rapide; que les maux qui la menacent ou qui l'assiégent sont trop nombreux pour qu'ils ne cherchent pas, d'un commun accord, à éviter de les accroître par la sottise et la folie; qu'ils doivent se respecter mutuellement, s'aimer et s'entr'aider à soutenir le faix de la vie, et surtout éviter ces commotions sociales, ces tourmentes populaires, ces guerres de peuple à peuple, où la vie des particuliers et celle des Etats est incessamment mise en question.

Qu'ils se souviennent, enfin, qu'ils sont frères, et qu'ils se doivent au moins les sentimens de bienveillance et les égards que le malheureux ne devraient jamais se refuser.

BIOGRAPHIE

DES HOMMES LES PLUS CÉLÈBRES

QUI ONT ÉCRIT SUR LE DROIT DE LA NATURE ET DES GENS (1).

ANTISTHÈNE. — ARISTIPPE. — ARISTOTE. Philosophes grecs. Voyez la *Biogr.* de la MORALE.

BACON (François), grand chancelier d'Angleterre, sous le règne de Jacques Ier, a été un des hommes les plus illustres de son siècle. Il fut l'un des premiers qui travaillèrent avec efficacité à la réformation des sciences, en secouant le joug de la scolastique. Ses œuvres politiques et morales renferment une foule d'aperçus ingénieux, de vérités philosophiques et d'enseignemens utiles. Son obséquiosité aux caprices d'un despote, son avarice et ses concussions ont porté une atteinte profonde à la réputation de ce phi-

---

(1) La science du *Droit de la nature et des gens* est toute moderne, comme nous l'avons déjà fait remarquer. Les anciens la confondaient avec la Morale, et l'on n'en trouve quelques traces que parmi les moralistes et les philosophes de l'antiquité. Nous serons donc forcés de rappeler les noms de plusieurs moralistes ; mais pour ne pas faire double emploi, nous renverrons au *Traité de Morale* pour les détails biographiques.

losophe ; mais ses grands talens doivent lui faire pardonner ses défauts. Bolingbroke, interrogé sur le caractère de Bacon, répondit : « Ce fut un si grand homme, que j'ai oublié ses vices. » Son traité remarquable *De dignitate et augmentis Scientiarum* contient, sur la justice universelle et l'origine des lois, des idées pleines de justesse et de profondeur. Bacon naquit le 22 janvier 1561, et mourut le 9 avril 1626.

BARBEYRAC (Jean) est né à Béziers le 15 mars 1674. Ses parens, qui étaient calvinistes, l'emmenèrent en Suisse, lors de la révocation de l'édit de Nantes. Son goût le porta à l'étude de la jurisprudence. Cet homme savant et laborieux professa le droit à Lausanne et à Groningue avec distinction. Tous ses ouvrages consistent en versions et en compilations ; mais il traduit en maître qui connait parfaitement la science dont il s'occupe. Le *Traité de la guerre et de la paix* de Grotius, les *OEuvres de Puffendorf*, celles de *Cumberland* et le *Juge de Bynckershoeck* ont été successivement traduits du latin en français par ce savant professeur. Ses traductions sont accompagnées de notes et de réflexions judicieuses, qui doivent le faire classer parmi les hommes qui ont le plus contribué à l'avancement de la science. Il mourut en 1729.

BODIN (Jean), né à Angers, fut un des

hommes les plus remarquables du seizième siècle. Il fit ses études à Toulouse; et, après avoir
pris ses degrés à la faculté de droit de cette
ville, il y professa la jurisprudence, à la grande
satisfaction de ses auditeurs. Il quitta l'école de
Toulouse pour s'adonner à la plaidoirie, et
vint à cet effet à Paris; mais, n'ayant pas réussi
dans la profession d'avocat, il y renonça pour
s'appliquer à la théorie. Député du tiers-état du
Vermandois en 1576, il soutint avec fermeté
les droits de ses commettans. Il eut le courage
de s'opposer à ceux qui voulaient que tous les
sujets fussent contraints d'embrasser la religion
catholique romaine, en représentant qu'une pareille mesure serait contraire aux lois, et exciterait inévitablement une guerre civile. Il pensait que l'autorité des rois n'est pas illimitée, et
qu'ils ont des devoirs à remplir envers le peuple.
La liberté de ses opinions lui fit beaucoup d'ennemis. Son livre *de la République* a joui d'une
grande réputation. Toutefois on y trouve peu
de principes vrais et peu de philosophie, mais,
en revanche, beaucoup de citations. Son esprit
ne s'est pas élevé jusqu'à la théorie des lois de
la nature. Il mourut à Laon en 1576.

BOLINGBROKE, philosophe anglais. Voyez
la MORALE.

BURLAMAQUI (Jean-Jacques), originaire
de Lucques, en Italie, naquit à Genève en

juillet 1694. A l'âge de vingt-six ans, il fut professeur honoraire dans cette ville. Il voyagea en France, en Hollande, en Angleterre ; il se lia d'une étroite amitié avec Barbeyrac. Revenu dans sa patrie en 1723, il y enseigna le droit jusqu'en 1740, époque à laquelle il entra dans le conseil souverain, où il resta jusqu'à sa mort, arrivée en 1748. Ses ouvrages sont estimés ; ce sont sans contredit les meilleurs guides que puissent suivre ceux qui veulent se livrer à l'étude du droit naturel.

CHRYSIPPE.—CICÉRON. Voy. la Morale.

CUMBERLAND (Richard), fils d'un bourgeois de Londres, naquit en cette ville en 1632. Il fut élevé à l'université de Cambridge, et nommé, en 1658, recteur de Brampton. Les deux révolutions qui, dans l'espace de soixante ans, changèrent deux fois la face de l'Angleterre, ne troublèrent point la tranquillité de notre auteur. Il cultiva paisiblement les sciences et la théologie, et sa réputation d'homme érudit et probe le conduisit, sans l'avoir sollicité, à l'évêché de Pétersboroug. En 1672, il publia un ouvrage remarquable, intitulé : *De Legibus naturæ disquisitio philosophica*, *etc.*, dans lequel il démontre que la bienveillance des hommes les uns envers les autres est aussi un sentiment naturel. Son ouvrage est principalement dirigé contre Hobbes et sa philosophie. Cumberland était bon, humain et hospitalier ; il a puisé dans son cœur les sentimens qu'il a exprimés dans ses ouvrages.

ÉPICTÈTE.—ÉPICURE. Voyez la MORALE.

GROTIUS (Hugo), l'un des hommes les plus célèbres du seizième siècle, naquit à Delft, eu Hollande, le 10 avril 1583. Il fit de rapides progrès dans ses études, et acquit de bonne heure des connaissances étendues dans la plus grande partie des sciences. En 1598, il accompagna l'ambassadeur de Hollande près la cour de France, et reçut des marques d'estime de Henri IV. De retour dans sa patrie, il fut enveloppé dans les affaires qui firent périr Barnevelt ; condamné à une prison perpétuelle, le 18 mai 1619, et à la confiscation de tous ses biens, il s'échappa de la prison où il était renfermé, en se cachant dans un grand coffre où l'on mettait le linge sali dans la geôle et qu'on envoyait blanchir : il se réfugia à la cour de France. Le monarque l'accueillit très-bien, et lui accorda une pension. C'est à Balagni, près Senlis, où il s'était retiré, qu'il publia, en 1625, son traité *De Jure pacis et belli*, qu'il dédia à Louis XIII. Par la suite, la reine Christine l'éleva au rang de conseiller, et l'envoya comme ambassadeur à la cour de France. Après un séjour de onze années environ à Paris, il partit pour rendre compte de sa mission à la reine de Suède. Le vaisseau qui le portait échoua sur les côtes de Poméranie. Grotius, déjà malade, fut contraint de s'arrêter à Rostock, où il mourut le 28 août 1645.

HELVÉTIUS.—HOBBES.—HUTCHESON. —KANT. Voyez la Morale.

LEIBNITZ (Godefroy-Guillaume, baron DE) naquit à Leipsick le 3 juillet 1646, et se distingua dès son enfance par une prodigieuse facilité. Le premier ouvrage qu'il publia est son traité *Nova Methodus discendæ docendæque Jurisprudentiæ*. Les aperçus neufs, ingénieux et profonds de cet ouvrage font déjà pressentir le génie de ce philosophe. Il entreprit, dans le midi de l'Allemagne et dans l'Italie, un voyage pendant lequel il recueillit d'immenses matériaux diplomatiques, dont il a composé son *Codex juris gentium diplomaticus*. Le premier volume de cet ouvrage parut en 1693, et le second en 1700, sous le titre de *Mantissa Codicis*. Ce code n'est qu'une compilation de tous les traités et de tous les documens les plus curieux de la diplomatie ; mais la préface de cet ouvrage est très-remarquable. Il remonte aux principes du droit, et expose, sur cette matière, des idées d'une grande profondeur. Leibnitz a fait école en Allemagne ; Kant a suivi ses doctrines en les développaut. Le philosophe de Leipsick pensait que l'étude de la jurisprudence ne devait jamais être séparée de celle de la philosophie ; que le but de l'organisation sociale était d'arriver à la félicité, qui consiste dans la sagesse et puis dans la santé et les commodités de la vie.

MARC-AURÈLE (Marcus-Aurelius-Verus-Antonius). Voyez la MORALE.

MELANCTHON. Voyez la THÉOLOGIE.

MONTESQUIEU (Charles) de Secondat, baron de la Brède et de Montesquieu, un des plus grands hommes que la France ait produits, naquit au château de la Brède, près Bordeaux, le 18 janvier 1689. Dès l'âge de vingt ans il préparait déjà les matériaux de *l'Esprit des Lois*, par un extrait raisonné de tous les ouvrages qu'il lisait. Son oncle, président à mortier au parlement de Bordeaux, prévoyant les succès du jeune Montesquieu, déjà conseiller en ce parlement, lui laissa, en mourant, sa charge de président. Pour étudier les lois et les mœurs des nations, il entreprit de nombreux voyages. En 1734, il publia son ouvrage sur la *Grandeur et la Décadence des Romains,* où il a tracé, avec le pinceau de Tacite, dans un cadre étroit, un des plus beaux et des plus utiles tableaux que l'on puisse présenter aux hommes. Après vingt ans de réflexions, cédant enfin aux sollicitations de ses amis, il ramassa ses forces et mit au jour *l'Esprit des Lois.* Cet ouvrage fut un prodige pour l'époque où il parut. La situation politique de la France ne permit pas à ses compatriotes de le goûter comme il le méritait : l'Angleterre l'apprécia mieux. Malgré les pas immenses qu'a faits l'économie publique et la science des gouvernemens, *l'Esprit des Lois* est un trésor où l'on peut incessamment puiser : des vues toujours philosophiques et souvent profondes, une expression énergique et heureuse, font de l'œuvre de Montesquieu, malgré les erreurs assez nombreuses qu'elle renferme, le monument le plus curieux qui ait été élevé à la science des lois.

PLATON. Voyez la MORALE.

PUFFENDORF (Samuel) s'éleva aux dignités dont il a été revêtu par son seul mérite. Fils d'un pasteur d'Ippoldswald, village de la Misnie, il vit le jour le 8 janvier 1632. Son père lui donna les premières notions littéraires; il perfectionna ensuite ses études dans diverses écoles de l'Allemagne. Il obtint, en 1658, une place d'instituteur du fils du baron de Coyet, ministre de Suède près la cour de Danemarck; mais il arriva à Copenhague au moment de la rupture entre les cours de Suède et de Danemarck. Arrêté avec sa famille, il resta captif pendant huit mois. C'est dans les loisirs de la captivité qu'il approfondit les principes du droit, et jeta les bases de son grand ouvrage. Puffendorf est le premier qui ait donné un traité systématique sur le droit naturel. Après avoir d'abord publié un essai, sous le titre d'*Élémens de jurisprudence universelle*, qu'il dédia à l'électeur palatin, après avoir professé le droit naturel dans la chaire que ce prince avait créée pour lui, il mit au jour, à Lund, en Scanie, son *Traité de droit naturel et des gens*. Cet ouvrage est bien plus méthodique que celui de Grotius; les principes sont posés avec clarté, ses réflexions sont utiles, mais elles manquent souvent de profondeur: il n'a pas assez pénétré dans la nature. Vers le déclin de sa vie, le roi de Suède l'éleva au rang de baron. Puffendorf mourut à Berlin le 26 octobre 1694.

SELDEN (Jean), savant jurisconsulte anglais, naquit le 16 décembre 1584 à Salvington, dans le comté de Sussex. Ses premières études furent faites à Chichester, où il se fit remarquer par la promptitude de son esprit et de son intelligence. Vers 1609, il publia un ouvrage intitulé *Mare clausum*, en réponse au traité de Grotius, *Mare liberum;* mais sa réfutation, pleine d'érudition et de subtilité, est loin d'être concluante. De 1636 à 1640, Selden composa son livre de *Jure naturali et gentium juxta disciplinam Hebræorum*, où il coordonne systématiquement toutes les lois des Hébreux qui se rapportent au droit naturel, et les présente comme le code de l'humanité. Ce système est essentiellement mauvais, et son livre, où l'on trouve peu de méthode et de clarté, n'a pas contribué aux progrès de la science.

SOCRATE. Voyez la MORALE.

VATTEL (Emmerich DE), naquit à Couret, dans la principauté de Neufchâtel, en 1714. Il était fils d'un ministre protestant. Leibnitz et Wolff, dont il médita et goûta les principes, furent ses guides dans ses études philosophiques. Cet écrivain, n'ayant pu trouver à la cour du roi de Suède, dont il était sujet, l'emploi que ses fortes études et ses connaissances lui donnaient le droit d'espérer, alla à Dresde, où l'on utilisa ses talens. En 1746, Auguste III lui accorda le titre de conseiller d'ambassade, et l'envoya à Berne comme agent diplomatique auprès de cette république. Pendant les loisirs de son ambassade, il s'occupa de son *Traité du droit des gens*, dont il avait déjà tracé le plan. L'exposition de ses principes est faite avec clarté; il a rectifié un grand nombre d'erreurs échappées à Wolf, et son ouvrage est le moins imparfait que nous ayons sur cette science. Vattel mourut le 20 septembre 1767.

WARBURTON (Guillaume), savant prélat anglais, naquit à Newmark sur le Trent, le 24 décembre 1698. Il annonça de bonne heure une vocation décidée pour l'état ecclésiastique. Après avoir passé par les degrés inférieurs du sanctuaire, il fut nommé au rectorat de Brand-Brougton, diocèse de Lincoln. C'est dans cette retraite qu'il passa la plus grande partie de sa vie. Sa *Divine légation de Moïse* fut l'occupation de toute son existence. Cet ouvrage fut assez mal reçu, et éprouva les attaques les plus violentes, qu'il repoussa avec toute l'âpreté d'un caractère vif et emporté. Warburton mourut à Glocester, dont il avait été nommé évêque, le 7 juin 1779, dans sa quatre-vingt-unième année.

WOLFF (Jean-Christian ou Chrétien, baron DE), naquit le 24 janvier 1679 à Breslau, où son père exerçait la profession de brasseur, et fit ses premières études dans le collège de cette ville. Tourmenté dès sa jeunesse du besoin de s'instruire, il voulut, à l'exemple de Descartes, qui avait su s'ouvrir un chemin à travers les ténèbres de la scolastique, compléter la philosophie de ce grand homme, qui s'était borné aux parties spéculatives, en s'occupant de la partie pratique. Avec Leibnitz il s'élança dans le champ de la métaphysique. Wolff, persécuté par les théologiens dont il avait attaqué les opinions, fut forcé de s'expatrier. Mais lorsque Frédéric le Grand monta sur le trône, l'un de ses premiers soins fut de réparer les injustices dont Wolff avait été victime. Il le rétablit dans la chaire de Halle, avec le titre de conseiller privé, de vice-chancelier et de professeur du droit de la nature et des gens. Wolff n'inventa rien, mais il coordonna l'ensemble et le détail des sciences ; il marche de déduction en déduction comme les mathématiciens, et pousse l'exactitude jusqu'à la minutie. Wolff se distingua par son amour constant pour l'humanité.

ZÉNON, philosophe grec, chef de secte. Voyez la MORALE.

BIBLIOGRAPHIE

DE LA SCIENCE DU DROIT NATUREL,

ou

CATALOGUE RAISONNÉ

DES PRINCIPAUX OUVRAGES RELATIFS A CETTE SCIENCE.

Ouvrages des anciens.

TRAITÉ *de la République;* par PLATON.— Ce philosophe s'est proposé dans ce traité de tracer le plan d'une cité parfaite, mais il se laisse plutôt entraîner par sa riche imagination, que guider par les leçons de l'expérience, en recherchant une perfection sociale imaginaire; il a formé une utopie séduisante, mais impraticable.

TRAITÉ *des Lois;* par le même auteur.— Les douze livres des lois sont un ouvrage de la vieillesse de Platon. Son ardente imagination attiédie par l'âge, lui permet d'examiner avec plus de froideur; il abandonne le champ de la spéculation pour suivre celui de l'examen. Après avoir analysé les diverses constitutions de la Grèce, et principalement celles des Crétois et des Lacédémoniens, il recherche le but de toute législation, l'indique et s'efforce d'enseigner les moyens d'y parvenir.

TRAITÉ *des Devoirs (de Officiis)*; par M. T. CICÉRON.—Dans cet excellent ouvrage, Cicéron établit qu'il faut regarder l'honnête comme le principal bien; qu'on ne peut parvenir à la félicité que par la voie de la vertu. Il démontre que le juste et l'utile sont inséparables, puisque la société est le grand but de la nature, et que tout ce qui tend à en troubler l'harmonie devient un élément de dommage pour chaque individu. Un style toujours harmonieux et l'intérêt qu'il a su donner à ce traité philosophique, en rendent la lecture agréable autant qu'utile.

TRAITÉ *de la République (de Republica)*; par le même auteur.—Platon avait cherché à établir une république imaginaire en traçant le tableau des lois qui devraient gouverner les hommes, plutôt que celui des lois qui peuvent les régir. Cicéron, après avoir posé des principes, voulut en faire l'application, non pas à une nation idéale, mais à la plus grande république qui ait jamais existé. C'est le but qu'il se propose d'atteindre dans ce traité. Le plan général de l'ouvrage est incertain, car nous ne possédons que des fragmens plus ou moins incomplets des six livres qui composaient ce traité. Ces fragmens, enrichis des découvertes dues aux persévérantes investigations de M. Angelo Mai, ont été traduits par M. Villemain, qui a accompagné sa version de notes ingénieuses, et par M. Leclerc,

dans ie recueil complet des traductions des œuvres de Cicéron, Paris, 1826 et années suivantes.
F. in-8º. Cet ouvrage complète le système des
pensées de Cicéron sur le droit naturel et la politique.

Manuel d'ÉPICTÈTE. — *Pensées de* MARC-
AURÈLE. —*Des Devoirs,* par saint AMBROISE.
—*Les Confessions de* saint AUGUSTIN. — *Les
Morales.* d'ÉPICTÈTE, de PLUTARQUE et de SÉ-
NÈQUE. — *Morale* d'ÉPICURE. —*Collection des
Moralistes anciens.* — *Morale de* CONFUCIUS:
Voyez la *Biographie* de la MORALE.

Ouvrages modernes.

ESSAI *sur l'Histoire du droit naturel;* par
HUBNER; Londres, 1757 et 1758, 2 vol. in-8º.
—Cette histoire, quoique fort incomplète, peut
servir de guide à ceux qui veulent suivre les
progrès si lents que cette science a faits parmi
les hommes. Les pensées de l'auteur sont en général généreuses, et l'annonce critique que le
père Bertier a faite de cet ouvrage, dans le jour-
nal de Trevoux, avril 1759, prouve que ce jé-
suite n'entendait rien à cette matière.

HUGONIS GROTII, *de Jure pacis et belli;*
Parisiis, Buon, 1625, in-4º, première édition.—
Le Traité de la guerre et de la paix, qui fut publié en France, où Grotius, fuyant les persécutions qu'il éprouvait dans sa patrie, s'était retiré,

a été réimprimé un grand nombre de fois. Il fit une vive sensation à l'époque où il parut; mais il ne répond plus aux besoins du siècle où nous vivons. Toutefois il peut encore être lu avec beaucoup de fruit. La meilleure traduction que nous ayons de ce traité est:

LE DROIT *de la guerre et de la paix*, de Grotius (traduit avec des remarques, par J. Barbeyrac); Amst. 1724, in-4°; 2 vol. *id.* Paris, sous le titre d'Amst. 1729, etc. — Les notes et observations de Barbeyrac sont généralement utiles, et prouvent que ce traducteur connaissait bien cette matière.

Grotius a été aussi imprimé avec les notes des *variorum*, et Henricus Cocceius a fait sur cet ouvrage un commentaire qui a joui d'une assez grande réputation.

SAM. PUFFENDORFII *Elementorum Jurisprudentiæ universalis;* Jenæ, Mayer, 1669, in-4°. — Les élémens de la jurisprudence de Puffendorf, qu'il dédia à l'électeur palatin, sont les premiers essais de ce publiciste; bientôt après il publia à Lund, en Scanie, son grand ouvrage ayant pour titre :

SYSTEMA *Juris naturæ et gentium;* Lund. Scan. 1672 ; id. auctius Francofurti ad Mœnum, 1684; Amst. 1688.— Puffendorf est le premier qui ait donné un traité vraiment systématique dès lois naturelles; ses principes sont clairs et bien posés, mais il n'est pas profond. Cet ouvrage a été également traduit par BARBEYRAC.

LE DROIT *de la nature et des gens*, de Samuel PUFFENDORF (traduit par J. BARBEYRAC, avec des notes et une préface du traducteur); Amst. 1734, 2 vol. in-4°.— Le chancelier d'Aguesseau, comme nous l'avons déjà dit, ne faisait pas un très-grand cas de cet ouvrage de Puffendorf; il lui préférait avec raison l'abrégé que l'auteur en a fait lui-même sous le titre :

SAM. PUFFENDORFII *de Officio hominis et civis;* Lond. Scan. 1673.—Cet ouvrage a également été réimprimé un grand nombre de fois, et traduit par BARBEYRAC.

LES DEVOIRS *de l'homme et du citoyen, tels qu'ils sont prescrits par la loi naturelle,* de PUFFENDORF (traduit par BARBEYRAC); Amst. 1707, 2 vol. in-4°.—Il y a une édition publiée dans la même ville, en 1741, qui est accompagné de deux discours sur *la permission et le bénéfice des Lois* et du *jugement de Leibnitz* sur l'ouvrage de Puffendorf.

DES DEVOIRS *de l'homme et du citoyen;* par l'abbé MABLY; 2 vol. in-18, 1758.

DE LA LÉGISLATION, ou *Principes des Lois,* par le même, 2 part. in-12; Paris, 1776. —Ces deux ouvrages se trouvent aussi dans la collection générale des œuvres de MABLY.

TRAITÉ *des Lois;* par DOMAT.—On le trouve

à la tête de toutes les éditions de ses œuvres complètes. Ce traité a passé pour un chef-d'œuvre. Si Domat eût écrit dans le dix-neuvième siècle, ce chef-d'œuvre paraîtrait bien faible et bien mesquin. Mais il ne faut pas oublier que Domat est le premier qui ait introduit la méthode et la philosophie dans le droit. Il mourut à Paris en 1696.

DE LEGIBUS *Naturæ disquisitio philosophica*, etc. ; auctore R. CUMBERLAND, T. S. Bac, apud Cantabrigienses Londini, Flescher, 1672, in-4°, *id.* 1675, in-4°. — Ce livre est une bonne réfutation des principes dangereux et mensongers de Hobbes. Cumberland établit que la bienveillance est aussi dans la nature de l'homme. L'ouvrage de l'évêque de Pétersboroug serait mieux goûté s'il était moins abstrait. Il a été également traduit avec notes par l'infatigable BARBEYRAC.

TRAITÉ *philosophique des lois naturelles*, etc. ; par Richard CUMBERLAND (trad. par BARBEYRAC, avec notes) ; Amst. 1744 ; Leyde, 1757, in-4°.

CHRIST. WOLFII *Juris naturæ methodo scientifica pertractum* ; Lipsiæ et Francofurti, 1740 *id.* 1748, 8 v. in-4°.—C'est l'ouvrage le plus volumineux que nous ayons sur le droit naturel. Wolff était très-savant ; le nombre de ses œuvres est prodigieux. Il a suivi la philosophie de Leibnitz en la développant. Son ouvrage, où il y a des erreurs assez nombreuses, est d'ailleurs écrit avec sécheresse.

CHRIST. WOLFII *institut. juris naturæ et gentium*; Halæ, 1754, in-8°. — Cet ouvrage est un abrégé du précédent.

PRINCIPES *du droit de la nature et des gens*, extraits de WOLFF; par M. FORMEY; Amst. 1758, in-4°.

PRINCIPES *du droit naturel et politique*; par J. J. BURLAMAQUI; Genève, 1768, in-4°, 1764, 3 vol. in-12. — C'est, suivant nous, le meilleur ouvrage qui ait été écrit sur le droit naturel. Sa méthode est bonne, ses principes bien établis, son style satisfaisant; il y a beaucoup moins d'erreurs dans cet ouvrage que dans ceux que nous avons annoncés. Burlamaqui, en profitant des méditations de ceux qui l'avaient précédé dans la carrière, et en y joignant ses propres réflexions, a beaucoup contribué aux progrès de la science.

PRINCIPES *du droit de la nature et des gens*; par J. J. BURLAMAQUI, avec la suite du droit de la nature, qui n'avait pas même paru, le tout considérablement augmenté, par DE FÉLICE. Iverdun, 1766 et 1768, 8 volumes in-8°. — C'est la meilleure édition des œuvres de Burlamaqui. Le professeur Félice l'a enrichie d'observations utiles, dictées par de bons sentimens.

INSTITUTION *du droit de la nature et des*

gens, avec un Appendice, contenant des idées sur la politique ; par GÉRARD DE RAYNEVAL ; Paris, 1803, 1 vol. in-8°. — Cet ouvrage, généralement faible, contient des erreurs qu'on est étonné de voir dans un livre écrit au dix-neuvième siècle.

DE L'ESPRIT *des Lois*, *ou du rapport que les Lois doivent avoir avec la constitution de chaque gouvernement*, etc. ; par MONTESQUIEU. — Il y a un nombre prodigieux d'éditions de l'Esprit des Lois. Lorsqu'on lit avec l'attention qu'il mérite cet excellent ouvrage, on demeure convaincu que Montesquieu n'avait pas des idées bien arrêtées sur le droit naturel, quoiqu'il ait entrevu, suivant nous, les véritables fondemens de la science.

LÉGISLATION *primitive, considérée dans ces derniers temps, d'après les lumières de la raison*; par L. G. A. vicomte DE BONALD; Paris, in-8°. — L'auteur a refondu dans cet ouvrage son *Essai analytique des Lois naturelles*, qu'il avait publié précédemment.

LE DROIT *des gens*; par VATTEL ; Londres, 1758, 2 vol. ; Paris, 1760, 3 vol. in-12. — Vattel, qui fut disciple de Wolff, a rectifié un grand nombre d'erreurs échappées à son maître. Ses principes sont exposés avec clarté. C'est l'ouvrage le moins imparfait que nous ayons sur ce sujet.

CODEX *Juris gentium diplomaticus*, in quo tabulæ actorum publicorum, aliarumque rerum per Europam gestarum, ex recensione Godef. Guill. LEIBNITZ; Hanovræ, 1693, 1 vol. in-f°.

MANTISSA *ejusdem*; ibid., 1700, 1 vol. in-f°. — Cet ouvrage n'est qu'une compilation des traités les plus remarquables qui ont été faits entre les puissances européennes; mais la préface de cet ouvrage, dans laquelle Leibnitz remonte aux principes du droit, est digne d'être lue avec attention.

CORPS UNIVERSEL *diplomatique du droit des gens*, ou *Recueil des traités de paix, d'alliance, de trèves, faits en Europe depuis Charlemagne jusqu'à présent*, avec les capitulations impériales et royales et autres actes, publiés par Jean DUMONT; Amsterdam et La Haye, 1726, 8 vol. in-f°. — Cet ouvrage, avec les trois suivans, forme le recueil le plus complet des traités et documens diplomatiques qui ait été fait jusqu'à ce jour.

SUPPLÉMENT *au Corps universel diplomatique du droit des gens, avec le Cérémonial diplomatique des cours de l'Europe*; par J. DUMONT et J. ROUSSET; Amsterdam, 1739, 3 vol. in-f°.

WENCKII (Fréd.-Aug.-Guil.) *Codex juris gentium recentissimi*; Lipsiæ, 1781, 3 vol. in-8°. — En 1781, de Wenck avait publié la suite des traités, à partir de l'époque où s'arrête J. Dumont, et conduisait le lecteur jusqu'en 1753. Il a depuis publié un nouveau volume, qui comprend les traités jusqu'en 1772. Dans l'intervalle, Martens mit au jour un traité, sous le titre suivant :

RECUEIL *des principaux traités d'alliance, de paix, de trèves, etc., conclus par les puissances de l'Europe, depuis 1761 jusqu'à présent ;* par Guill.-Franç. DE MARTENS ; Goettingue, Dietrich. 1791, 1800 ; 7 vol. in-f°.

SUPPLÉMENT. Goettingue, 1802 à 1808 ; 4 vol. in-8°. — Ces collections réunies forment ensemble un recueil complet de tous les traités.

L'AMBASSADEUR *et ses fonctions ;* par WICQUEFORT ; Cologne, Marteau, 1715, 2 vol. in-4°. — Abraham de Wicquefort, né à Amsterdam en 1598, est mort en 1682. Ses ouvrages sont estimés.

SELDENI (Joan.) *Mare clausum, seu de Dominio maris ;* Lugd. Batav. Elzev. 1636, in-8°. — Selden, jurisconsulte anglais, était très-savant. Il avait publié cet ouvrage pour combattre celui de Grotius, *Mare liberum.* Personne, jusqu'à M. Gérard de Rayneval, n'avait osé attaquer les sophismes du savant anglais. Ce publiciste a combattu victorieusement ses erreurs.

CODE *de l'humanité,* ou *Législation universelle, naturelle, civile et politique,* avec l'histoire littéraire des plus grands hommes qui ont contribué à la perfection de ce code ; revu et mis en ordre par DE FÉLICE. Yverdun, imprimerie de Félice, 1778. — L'astronome Lalande a contribué à ce recueil, qui n'offre d'ailleurs que fort peu d'intérêt.

AN INQUIRY *upon merit or virtue*. By the Earl of *Shaftesbury*. (*Essai sur le mérite et la vertu*.) — Antoine Ashley Cooper, comte de Schaftesbury, fut un des philosophes les plus hardis de l'Angleterre. Il considère, dans ce traité, la vertu en elle-même et dans ses rapports avec la religion. Il établit avec une grande force de logique que la vertu est le premier des biens, et le vice le plus grand des maux.

WARBURTON'S *divine legation of Moses*. — Cet ouvrage fut l'objet des plus violentes attaques, que l'auteur repoussa avec âpreté. Ses idées sont assez conformes, pour le fond à celles de Selden.

ESSAI *sur le gouvernement civil*; par LOCKE ; Londres, 1690, in-8°. — Cet ouvrage est très-remarquable ; l'auteur fait reposer ses principes de politique sur des notions de morale naturelle.

RECHERCHES *sur les idées de la beauté et de la vertu*; par HUTCHESON, 1725, in-8° (traduit de l'anglais par EIDOUS); Amst., 1749, in-12. — La philosophie de Hutcheson se rapproche beaucoup de celle de Schaftesbury ; cependant il ne fait pas autant entrer l'intérêt personnel dans les motifs qui portent à la vertu.

ESSAI *sur l'histoire de la société civile*; par Adam FERGUSSON (trad. par BERGIER); Paris, 1783, 2 volumes in-12.

INSTITUTIONS *de philosophie morale*; par les mêmes, in-8°, 1769.

Ces deux ouvrages placent leur auteur au rang des plus profonds penseurs; il prouve que la bienveillance est un sentiment naturel à l'homme, et le fondement de la société.

ELEMENTORUM *philosophiæ*, sectio tertia, *de cive*; Parisiis, 1642, 1 volume in-8°.—Cet ouvrage, imprimé sans nom d'auteur, est le premier de ceux qui ont été publiés par Hobbes. Il y fit des additions insérées dans les éditions postérieures.

LEVIATHAN, *sive de Republicis*; par le même.— Il y en a plusieurs éditions. Il a été traduit par l'auteur lui-même, plus un appendix. Amsterdam, 1670, in-4° : *ibidem*, 1778, in-4°.

Ce sont les plus remarquables de tous les ouvrages de Hobbes. Les principes qu'il y professe sont faux et dangereux : c'est l'apologiste du despotisme.

FR. BACONII, *Exemplum tractatus de justitia universali sive de fontibus juris* : extractum ex ejusdem autoris opere *de Dignitate et aug-*

mentis scientiarum; Parisiis typis. Vincent, 1752, in-18. — Il contient des aphorismes qui sont frappans par la vérité et l'expression.

LA SCIENZA *della legislatione* del cit. Gaet. FILANGIERI. Genoa, Gravier, 1798, in-8°. — Cet ouvrage, qui est un traité complet de législation, dans lequel on trouve un grand nombre d'idées utiles, a été traduit sous le titre de *la Science de la législation*, par Gaetano FILANGIERI (trad. de l'italien). Paris, Cuchet, 1786, 7 vol. in-8°. — Il en existe une édition récente, avec des notes de M. Benjamin Constant.

TRAITÉ *de la législation*, ou *Exposition des lois générales suivant lesquelles les peuples prospèrent, dépérissent ou restent stationnaires;* par M. Charles COMTE. Sautelet, 1826, 4 vol. in-8°. — Ce traité, qui a été couronné par l'Académie comme un des ouvrages les plus utiles qui aient été publiés à l'époque actuelle, place l'auteur au premier rang des publicistes modernes. Des vues nouvelles, des aperçus ingénieux et de nobles sentimens, rendent la lecture de cet ouvrage utile et intéressante. On peut reprocher à l'auteur un peu de diffusion. Nous pensons qu'il eût été plus laconique s'il avait été maître de retarder la publication de son ouvrage.

Nous pourrions alonger beaucoup cette notice bibliographique. Nous avons élagué à dessein un assez grand nombre d'ouvrages recommandables, quoique secondaires : ceux que nous avons cités seront suffisans pour étudier et approfondir la science du droit naturel et du droit des gens.

VOCABULAIRE

et

TABLE ALPHABÉTIQUE

DU DROIT NATUREL

ET DES GENS.

A

B

C

D

E

F

FIN DU DROIT NATUREL.